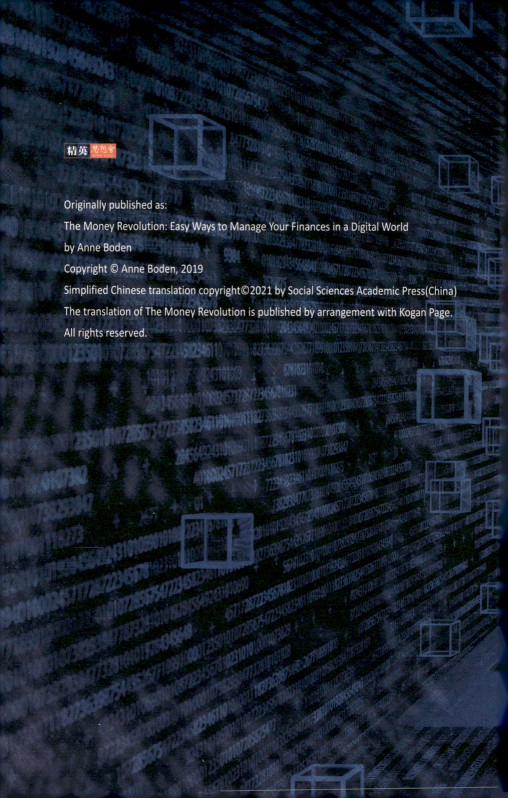

金 钱

THE
MONEY REVOLUTION

数 字 时 代 如 何 管 理 财 富

〔英〕安妮·博登 (Anne Boden) 著

崔岩——译

革 命

EASY WAYS TO MANAGE YOUR FINANCES
IN
A DIGITAL WORLD

社会科学文献出版社
SOCIAL SCIENCES ACADEMIC PRESS (CHINA)

引 言

　　当涉及钱包里的钱时，我们从来都不缺少建议。显然，我们有数不清的方式可以更有效率地存钱、获得更好的投资回报，或者更快地还清债务。这些方式有些很有用，但大多数令人困惑，而最糟糕的是，如果你目前还不愿意考虑这些方式，就会很容易忽略它们。

　　本书改变了一切。《金钱革命》是一本指南，介绍了一切你需要了解的新式、简易、透明的方式，帮你掌控你的财务状况。

　　多亏技术的力量，现在你可以毫不费力地知晓你的储蓄、消费、投资，精确到毫厘，跨度从现在到未来数月、数年。你的智能手机提供了令人眩目的一系列可能性，使你可以跟踪金钱流向，让它们持续流转，并且你可以轻松地做好预算。一大堆手机应用程序（App，也可简称应用）能帮助你在不知不觉中省钱，你还能自如地了解你的投资情况。这些 App 能让你的收入和支出一目了然。即使你正遇到预算赤字问题，或者你甚至不知道赤字是什么意思，那也没有关系。准确知道所有事情的进展是很好的，这样你就可以调整进程，在需要的时候控制好一切。

　　《金钱革命》一书分为两部分。第一部分从宏观上概述银行业和金融业的最新进展，并展望可以预见的未来。第二部分依次讲述了我们财务生涯的各个方面，包括储蓄、抵押贷款、养老金、保险，介绍了在英国和其他国家或地区，有关这些方面的最好的手机应用程序。你没有必要按照顺序来阅读本书，也许你喜欢单刀直入，下载本书提到的手机应用程序，马上可以改善你的财务状况。这么做很好，选择权在你。你会发现，本书介绍的所有手机应用程序都设计得简便、易于理解，不需要你懂技术。希望你能获得最好的财富收益，为此，我向你展示一些很棒的工具。

　　如果你曾经暗下决心，要使你的财务状况保持稳健，那么这本书会给你指明正确的方向。

译者序

互联网的触角正在伸向地球的每一个角落，把人们越来越紧密地联系在一起。这可能是近十年来最激动人心的变化，深刻地改变着每一个人的生活方式。

于是，这本《金钱革命》应运而生。

这本书讲的是移动互联时代的金融创新。

说实在的，书中所描述的那些金融领域中的"颠覆式"创新产品在我们的经济生活中并不鲜见。自从人类进入信息时代以来，中国从一开始的"提着鞋都怕跟不上"，到后来"C2C（Copy to China）"式的亦步亦趋，直到近几年似乎已经引领潮流，走过的是一段太不寻常的历程。

今天，我们享受着所有移动互联手段带来的便利，已然忘了没有这一切的时代，仿佛一切都是那么自然而然。所谓的"网"，就"长"在我们的手机里。离开手机，我们几乎寸步难行。如果手机丢了，很多人马上就会慌神，而且翻遍全身也翻不出一毛钱。

但是，便利既是给使用者的，也是给操纵者的。集中体现这一点的，正是金融科技（Fintech）。近几年，我们在新闻里看到"裸贷"和"套路贷"的受害者。国家对行业的整顿一次次进入我们的视线。创新产品给我们留下的，难道仅仅是便利那么简单吗？

但是在这本《金钱革命》之中，这些情况似乎根本就看不到。作者安妮·博登在书中为我们描绘的是一个充满乐观主义的金融世界：新型的金融科技公司正在利用新兴科技，为那些得不到传统金融机构服务的人士，提供贴心、周到、精准的服务。

移动互联手段的大发展让我们比从前掌握了更多、更即时、更便利的信息，让我们真正做到互通有无。我们用手机购物、点餐，当然，还用它来管理我们的财富。创新的金融应用程序如果运用得当，的确可以给我们很大的帮助。它们让我们不管身在何处，都不会失去对自己财富的掌控。仅从这个意义上来说，这就是一个巨大的进步。

本书提到的那些具体的应用程序大部分是欧美市场背景的产物。不过这其实并不重要，重要的是书中提到的应用场景：储蓄、消费、保险、养老金、贷款等，针对这些场景开发的 App 在中国几乎都能找到，而且很多我们可能比较熟悉，甚至比书里介绍的还要好。

阅读本书的意义是什么呢？

对于大多数人来说，时代在向前发展，我们是被时代裹挟着前进的。我们看到身边的人用起了智能手机，于是我们也要有；看到大家都用起了某个 App，于是我们也下载一个；看到哪个 App 不能用了，于是我们也就遗憾地卸载，然后再去下载另一个。

可是，为什么某个 App 引领一波风潮，之后又销声匿迹呢？

为什么某个 App 一开始很便捷，功能调整后我们不爱用了呢？为什么某个 App 刚出来的时候带给你的收益率那么高，之后居然出问题了呢？

也许在本书你能找到一部分答案。

本书的作者是从传统商业银行进入互联网金融领域的，她对传统金融机构的积弊了解很深，并且可以站在时代的高度去审视其中的内在逻辑，从而可以深刻理解其中的痛点，并且可以讲明白金融科技公司创新的源头所在。

这本书帮我们厘清了传统金融行业需要创新的原因，揭示了我们身边层出不穷的金融创新产品之间的关系。在这个意义上，这本有点像移动互联时代金融创新导览的小书，就不仅是一本实用指南，而且能帮助我们理解金融的逻辑。

更重要的是，金钱革命正在发生，跟每个人息息相关，我们想躲也躲不掉。既然谁也无法置身事外，那么，自觉地了解它，总好过懵懂地盲从。

那么，如果你真的关心自己的财富，就不妨看看这本《金钱革命》，毕竟，开卷有益。

崔　岩

2021 年 8 月 31 日

于轩辕十四工作室

目　录

第二部分　金融科技让金钱改头换面

第一部分 ┃ 揭秘金钱神话

第一章

掌控你的财富：你才是主导者

改变使用财富的方式

智能手机和数据共享技术正在改变我们储蓄、消费和投资的方式。多亏了无所不在的传感器、云计算和无线网络，现在我们跟周围世界的互动已经完全不同了。我们的每个动作都被记录下来，这样，根据享受服务的实际时间来为特定的服务计费成为可能。另外，忘掉那些乏味、单调的月账单吧，不管你享受了多少服务，你都得照单付费。现在，现收现付已经成为新常态。

本书是一本关于最新的产品和服务的指南，即将改变你看待和使用金钱的方式。由于新的银行业务、储蓄、投资、津贴应用程序的出现，你更知道怎么花钱，并且可以以前所未有的方式掌控财富。不用担心，你不必成为一个技术天才或者理财专家——这才是重点。你所需要的，只是一部智能手机，以及让你的财富更快流转的意愿。

如果你喜欢，你可以认为这是一种超越，它超越了已经建立的、完备的全球金融产业。这一产业从前之所以能蓬勃发展，是因为没人真的明白自己辛辛苦苦赚来的钱究竟去了哪里。本书会介绍最新的金融工具，以及它们如何简化财富管理流程，并建立一个更加公平的竞争环境。此外，它还告诉你如何从银行赚钱，而不是像它们通常做的那样，从你身上赚钱。是的，我们的议题是对低效的、过度补偿的金融商业模式的彻底改造。

理智的人都不会嫉妒银行和金融机构，它们毕竟是企业，如果不赚钱，就无法生存。然而，那些大公司从客户那里赚取的巨额现金，使普通人望而却步。更糟糕的是，没人真正知道它们是怎么做到的。过去，金融业是最不透明的行业，而你可以恶意揣测，这就是那些大公司喜欢它的原因。你不需要深入挖掘，就能够发现它们侵吞你的血汗钱的一堆方法。免费银行账户？不，它们用虚增的利息和未经授权的透支金额来弥补差额。巨额贷款交易？也许吧，但是你为此付出了很多费用。出国旅行后，记得检查一下你的账户，因为跨国取款附加了你从未预料到的费用。

现在的问题是，除非你像鹰一样，一直盯着你的银行余额、保费、养老金缴纳情况，而且密切关注每一笔交易，否则你很难搞清楚钱的去处。支付并不总是透明的，交易收费既复杂又隐蔽。即便你非常小心，也经常无法真正弄明白在一项服务中所支付的费用到底是多少。围绕我们财富的幻象，是建立在关于我们的财富的神话的基础上，这些神话宣扬某些"真相"，诸如银行总是值得信赖地保障你的最大利益，或者那些财务顾问是独立和可信的，即使这些信任在一次次被破坏（通常是通过最戏剧性和最具破坏力的方式）。同时，金融服务机构那些似是而非的广告宣称它们对待客户多么友善，而这些机构却说不清它们的金融产品能给客户带来什么回报。我们往往很难获取那些被认为支撑我们金融事业的机构提供的任何信息。即便如此，这些神话仍然占了上风，让我们从开始赚取工资起，就对自己的财务状况一知半解。这些不确定性的持续存在常常使与储蓄、消费、投资有关的事情都像在不为人知的地方进行。

今天，我们无须忍受这种金钱方面的困惑。银行业务，甚至是任何与资金管理相关的业务，都在经历一场彻底的变革。事实上，毫不夸张地说，我们与财富的关系正在经历几百年来最大、最快的变革。这是一场金钱革命。由于机器学习、人工智能（AI）、机器人咨询方面的技术进步，我们有很多机会可以弄明白我们财富的流向，并且能够彻底地主导财富，让它更好地为我们所用。

本书的写作初衷

我在银行和金融行业的整个职业生涯使我有信心完成这本书。我在"传统金融行业"和"新型金融行业"都工作过，最初供职于几十年运营模式一成不变的传统银行；而现在，我领导着一家最成功的新型创业型金融科技公司，它已经改变了我们思考和使用财富的方式。

我的第一份工作是在劳埃德银行（Lloyds Bank）做实习生，我一路做到渣打银行（Standard Chartered Bank）和瑞银集团（UBS）的高管职位，然后前往荷兰银行（ABN AMRO）和苏格兰皇家银行（RBS）负责 34 个国家的全球交易银行业务。在我决定做点不一样的事情之前，我的职位是爱尔兰联合银行（AIB）的首席运营官（COO）。我被挖到那里是为了扭转颓势，帮助那些在 2007～2008 年全球金融危机之后被爱尔兰政府接管的债务缠身的银行摆脱困境。这家爱尔兰银行恢复了赢利，这段经历对我产生了很大的影响。在成千上万的爱尔兰公民遭受金融危机持续影响的时候，激进地削减成本真的对吗？显而易见，现有银行业务实践存在很大问题。尽管我所在行业中的其他人都在拼命试图恢复已被全球信贷危机和随后的政府救助措施搞得支离破碎的既定的金融行业模式，但它由笨拙的老系统和固有的官僚主义支撑，而它们正是造成问题的首要原因。我们是不是该反省，并以全然不同的方式来看待事物呢？在行业内似乎没有其他人有兴趣或愿意这样做，所以我决定承担这项任务。

008

我在世界各地进行了实地调查，花时间分析了金融系统的工作方式，之后形成了一个新的数字银行的愿景。新的数字银行将使用最新技术，真正做到客户至上，并为他们提供更多的选择。数字银行没有实体分行，因为它将通过我们每天随身携带的智能手机运行，给人们提供全天理财服务。这种服务的宗旨不是向客户销售产品，它是一种关照客户并满足他们需求的服务。当有了这样的想法时，我发现一个机会，它必将从根本上改变我们与财富的关系，就像亚马逊改变了购物、iTunes 改变了音乐一样。

我于 2014 年创建的移动银行史达琳（Starling），已经成为现代银行业最大的成功案例之一，赢得了多个奖项，当然还有成千上万的新用户。在开通英国首个"仅移动端"活期账户之后，史达琳银行已经提供企业账户、联合账户以及一个市场平台。在这个平台上，从抵押金融经纪人到退休金提供者，各类金融合作伙伴可以建立一系列合作关系。史达琳银行对每个合伙人都进行仔细审核，以确保其符合银行易沟通、全透明、易使用的理念。最重要的是，必须让客户掌管自己的财富。

传统银行的挑战

与我在市场和金融科技界见过的开发人员合作，最大的享受就是，我经常遇到"可以做"的态度。在我之前的生活中，我一直在为实体银行工作，它们更倾向于接受事物一直以来的样子。通常，即便有迹象表明事情可以做得更好，或者有对客户更便捷的方法，也没有人愿意尝试，因为某人说那样不行。讨论结束。

让我记忆最深刻的事发生于我还在爱尔兰联合银行工作的时候。这家银行除了维护老客户的信任关系之外，还热衷于建立经常账户业务，这意味着要吸引新客户。在我看来，最明显的痛点就在于客户在收到借记卡之前，需要勾选一系列冗长而让人厌烦的条款。我说："这需要大大简化。"

从我的角度来看，毫不稀奇，人们会固执地一直留在他们选择的银行，时间平均长达 17 年，这样的忠诚度甚至超过全英的婚姻平均存续期（11 年半）。以前似乎还没有其他大型银行提供出色的一流服务，因此人们几乎不可能改投他家。实际上，事实恰恰相反。多数银行提供的产品和服务基本相同。我们可以很容易地假设，没有人愿意改变现状，即使他们完全厌倦了现有的银行，也很可能因为复杂而缓慢的申请流程而推迟更换银行。（当时，人们还担心直接扣款或者关键付款错付的潜在风险，但在 2013 年 9 月，当英国启用更换银行期间收付款自动划拨时，这一问题得到了解决。）

当我提出了大大简化开户流程以加快业务处理速度的建议时，一位同事对我说："那是不可能的。"

当然了，我盯住了这个问题。我需要知道为什么客户非得完成那么多步骤，才能开一个账户。任何开展新业务的基础，肯定是让一个提议比另一个提议更具吸引力。我唯一能说服客户换银行的方法是使这个过程尽可能快捷、轻松，对吧？

我越推进新业务，越发现无法完成任务的原因越来越多——要么要求"合规"，要么要求遵守"中央银行的规则"，再要么就要求遵守其他似乎没有道理的规则。为了弄清真相，我深入研究了这些所谓的"规则"，试图找出真正起作用的规则——会有真正起作用的规则吧？找出问题，我就可以弄清楚是否有办法做出改变，或者让事情更适合当下的实践。

实际上，我被告知的大多数规则根本就不存在。我的银行同事们都是非常聪明的人，但是，他们所相信的很多规则是前辈们告诉他们的。这是我遇到过的最糟糕的谎言。银行家们代代相传、无人置疑的规则是"你必须遵守的规则"。而同时，客户也只能接受它们，继续使用自己正在使用的服务，因为一方面客户没有更好的选择，另一方面改变现有的习惯既麻烦又毫无意义。

挑战传统金融业的神话

我对"开户流程不可变更"的质疑促使我开始审视银行和金融业所有其他的"确定性"。所有人都接受了这些陈规陋习。当情况不明确时，我们是否有可能全然相信一件事情？我想知道，有多少事情是我们默认的。

我的研究使我找出了大型银行分行的问题。众所周知，每个地区的银行分支机构在一家接一家地关闭，而且在过去十多年，你很可能见到有几家银行在你生活的地区消失。仅在英国，自1989 年以来，银行分支机构平均以每年 300 家的速度关闭，而近年来，银行关闭的速度加快了，因为大银行出于赢利的压力，大量削减了实体店的开支。这是个情感化的问题，很多社区居民对所在地区银行的减少感到震惊。

对于实际发生的事情和原因，民众再次充满了迷惑和误解。银行总行一向认为，分行是"不赢利的"。事实的确如此，大多数人几乎不再使用他们的本地银行网点，很多账户持有人根本不访问他们的账户。许多人仍然看中实体银行，仅仅是因为他们希望把零钱存入自己的账户——这是银行一直积极劝阻的做法。

最能说明问题的是，大多数银行选择处理其剩余资产。它们决定继续在拥有足够人口的社区开设分支机构，以证明它们有理由继续营业。近年来的趋势是，银行分支机构引入了各种新的数字设备和应用程序。如果你最近去过某个银行分行，你可能看到大量增加的桌面屏幕，这些设备允许客户通过 Skype 或者类似的程序直接远程与财务顾问沟通。当我在爱尔兰联合银行工作的时候，就参与了一个新项目。爱尔兰联合银行在爱尔兰的邓德拉姆开了一个科技含量非常高的分支机构，命名为"实验室"（The Lab），它带来数字新体验。即使在那个时候，我也禁不住想，它弄错了重点。是的，客户显然对高科技产品感兴趣，但我所在的银行和同行们提供的是一种服务，与你已经可以在温暖和舒适的家里使用自己的电脑获得的服务，并没有太大的区别。

然而有意思的是，城市银行（Metro Bank）——一家新型零售银行，已经改变了分支机构模式，取得了巨大的成功。这家银行的分支机构引入了一种"客户友好型"的开放式服务规范，银行工作人员不会隐藏在厚厚的屏幕后面，而是在开放的柜台前

012

与客户交流。那么，每个城市银行的分支机构有什么独特之处吗？走进任何城市银行的分支机构，你都能看到一种客户可以存入零钱的机器在被频繁使用。为什么？这正是客户所需要的。

事实上，银行业是一个跟其他行业类似的行业。银行应该与时俱进，跟其他行业一样招徕客户，应该发现客户的需要并予以满足。而所有的迹象都表明，客户希望更好地掌控自己的财富。

时至今日，在经历了过去数年巨大的变革之后，似乎很多银行仍然没有倾听客户的需求。各种各样的神话依旧存在，它们对客户对银行的期望值感到困惑。在这方面，我和一些潜在客户进行了几次有点令人惊讶的交谈。

"如果我再开一个账户，我的账户所在的银行会不会不高兴？"一个客户问，并且赶忙补充道，"我已经是它十年的老客户了。"

他也许会问："银行只允许有一个经常账户吗？"

我们当然可以按照自己的选择拥有尽可能多的账户，并且可以在金融机构注销或者变更账户，以找到最适合我们个人需要的服务。多亏了技术进步，如今我们所享受的一切金融服务比以往任何时候都要容易实现。

从客户的视角来看，似乎整个系统仍然对他们很不利。不仅仅是银行，在金融服务的范围之内，无法撼动的陈规和混乱的实际业务随处可见。相当明显的是，多年以来，总有那么一笔甚至几笔业务让你感觉不安，你无法完全确定钱的最终去向，哪怕只有几天。长期以来支票清算一直是件麻烦事，而对于跨境汇款之类的业务，即便银行使用数字手段，钱可能仍需要三天才能到账。关于退休金业务，我们一头雾水，除非你深谙文书工作，或者是个电子表格专家。

　　任何人如果曾经因为看似相对简单的交易而被收取过巨额费用，都有理由问一句："为什么？"然而即使他们确实提出了这个问题，答案也相当模棱两可。从历史上看，银行和金融机构一直在故意模糊系统的内部运营系统。如果一切都变得更加透明，这是对它们市场支配地位的可感知的威胁，那么它们很自然地就会加以抵制。它们可能担心，如果它们试图通过更新和清理系统来改变现状，或过度放松自己的掌控力，一切就会失控。一旦人们了解了银行运营系统，就可以自由地比较和对照，也就会勇于探索当下正在发生的所有不可思议的创新，其结果就是，整个金融市场可能会发生变化并分裂，引导客户走上各种令人兴奋的新道路。一切都会变得不一样。

014

为什么金融科技才是未来？

　　当然，上文提及的情况已经发生了。全球超过 50% 的用户让至少一家金融科技公司来帮助他们管理资金，而 64% 的金融科技用户更喜欢使用数字渠道来管理他们的金融业务。[1] 其中，占比最大的是投资管理类用户（45%），41% 的用户使用新的支付和转账服务，31% 的用户使用保险服务，还有 29% 的用户使用银行服务。[2] 当然，年轻、对技术感兴趣和富裕的消费者领先一步，但是金融科技公司的客户基数一直在扩大。可以肯定的是，那种已经过时、失效且偏向大机构而不满足用户需求的系统正在消亡。每个新开发项目都会为日常消费者带来可观的收益。

---

[1] "The Incredible Growth of Fintech," http：//www. 16best. net/blog/incredible – growth – fintech/，最近访问日期为 2018 年 1 月 22 日。

[2] Capgemini, *World FinTech Report 2017*, London.

很明显的问题是：为什么大型金融机构不放下墨守成规"获得"的体面，而是与客户坚决保持距离呢？可以肯定地说，它们已经获得了消费者信赖的优势，或者至少已经与他们建立了联系。当然，顺其自然，拥抱新科技带来的机遇也许对它们有意义？

当下，还没有发生这种情况的真正迹象。大多数大银行和金融公司采取了观望的态度，或者充其量只是寻求与金融科技初创企业建立关系。创新不会来自你已经熟知的品牌。许多老牌金融机构根本就没有足够先进的技术，来跟上最新的发展趋势。事实上，它们的大部分基础架构可以上溯到 30 年前或者更加久远的时间。数据能力是金融科技的新领域，金融科技公司从最新的技术思想开始重新构建服务，是一件奢侈的事情。

这就是本书提及的很多企业在很多情况下只有几年历史的原因。这些初创企业不受传统技术或者传统思维的束缚，它们能够放大并专注于行业中所谓的用户体验（User Experience，UX）。这意味着它们有能力提供最新的数字思维，而不必担心过去的做法。它们没有天花板。它们的思维可以打破常规，它们可以自由地选择用户界面、用户登录时的屏幕显示内容，以及用户如何浏览账户。事实上，现在越来越常见的情况是用户能够在一个地方查看账户余额以及所有财务账户中的交易记录。

毫无疑问，新的、更透明的金融系统将在我们个人对待金钱的态度中发挥作用。当前的趋势是把控制权交给个人，以便他们做出明智的决定。由此可知，这是一个远离从前那种不透明秩序的世界，在那种秩序下，个人很容易隐藏潜在的财务问题。如果你是那种"眼不见心不烦"的人，也并不关心自己的账户余额，那么大多数人成长中所面对的制度就是为像你这样的人而建立的。无知是福。好吧，直到一切都脱离了掌控，银行和客户才会被迫做出反应，而这种情况当然本可以在第一时间更容易地被规避。同样地，如果你是那种经常对自己名下财产感到焦虑或恐惧的人，那么银行缺乏透明度会加重这些负面情绪。

是时候对你自己的金钱负责了

不管你喜欢还是不喜欢，我们不能把所有金钱问题都归咎于银行和金融机构。不管以前的情况对我们来说多么复杂，我们都得对自己的财富负责。我们都对金钱怀有难以控制的深深执念。这些想法大多源自我们的幼年时代。我最早的一段记忆是关于我的父亲杰克·博登，记忆中他在讨论一些参加本地高尔夫球俱乐部的近邻。尽管那个时候我还非常小，但我还是很容易就听懂了他的反对意见。

"我们不会加入高尔夫球俱乐部的，"他斩钉截铁地说，"如果加入的话，我们就会加入比我们花钱更多的人，这会让我们感觉更加贫穷。"

我知道这番话以及我父母随口说过的其他类似的话，塑造了我对金钱的态度。尽管我在金融行业担任高管，也受到了很多不同思想的影响，但童年的记忆依然清晰。父母处理金钱的方式是子女后半生消费和储蓄的基础。那些并没有什么钱，但是大手大脚挥霍惯了的父母，会把这种态度传给他们的孩子。那些重视财富创造的人也通常会将自己的理念和策略传给下一代。

塑造我们对金钱态度的并不仅仅是那些我们早年接受的信念。我们也都受到周围人的极大影响，正如我父亲当初推测的那样。设想一下：如果你乘飞机去度假，而经济舱是你唯一可

016

选的，那么你几乎会毫不犹豫地选择它。然而，如果你乘坐的是经济舱，却要走过舒适、宽敞的商务舱区域才能到达你的座位，那么你的行程从一开始就会蒙上一层阴影。突然之间，你会为你只负担得起经济舱而感到不满。这种微妙的影响使我们形成对金钱的态度。如果你的密友得到了一台超大尺寸、环绕音响、影院风格的电视机，那么不久以后，你也会决定买一台。你有一个对超级跑车充满热情的同伴吗？那么很有可能你也会把注意力集中在汽车介绍页面上。

不必担心，不只你这么做。这是人的本性。无论你的背景如何，你对金钱的感觉都会很强烈，难以控制。我们的消费与自我价值认同有关。很多人有银行卡被拒付的经历，尽管这很少发生。当这样的事发生时，人们最常见的感受是深深的羞耻感。持卡人真正的恐惧来自收银员可能会认为账户里没有钱。另外，金钱也往往被视为感情破裂、精神抑郁，甚至自杀的罪魁祸首。意外获得遗产或者彩票中大奖，会引起极度兴奋或者如释重负的感觉。这些都是强烈的情绪。

显然，实际上金钱本身从来不是真正的问题或解决方案。我们在日复一日地接近它、思考它、处理它。毋庸置疑，那些对金钱持负面态度，或者不喜欢琢磨它，以至于忽视它的人，更有可能受到财务问题的困扰。而那些轻松处理财务问题并且能掌控金钱的人，更有可能在增长财富的努力中，获得成功。

事情总是说起来容易，做起来难。我们应该努力与金钱建立更健康的关系。

之所以在此引入这个主题，是因为事情并非只有一面。当我们的财富失控，金融机构并不是唯一要被谴责的对象，我们（自己）也需要在掌控财务方面发挥作用。尽管我们看到许多奇妙的技术创新，而且还有更多新的技术创新指日可待，但是它们不能被孤立地应用。金钱革命给了我们一个契机，让我们得以重新思考个人对待财富的态度，从而使我们摆脱以往与金钱的负面联系，以便从当下正在发生的状况中，获得最好的收益。正如我们必须适应一种全新的消费与储蓄方式一样，我们可以彻底重新考虑我们代代相传的、与金钱的情感联系。

迎接金钱革命

我认为，金融科技的创新使我们处于完美的位置，可以帮助我们适应环境。以手机银行应用程序为例，这是我特别擅长的领域。"仅移动端"银行应用程序并不是市场上第一批银行应用程序。在史达琳等银行的服务上线之前，大银行就已经推出了它们的应用程序。然而，我相信这些出自大银行的早期银行应用程序，事实上加重而非减轻了用户对于金钱的焦虑和羞耻感。早期的应用程序提供的服务极其初级，仅显示个人账户最低限度的细节，而且在日常支出、其他账户、储蓄和养老金方面的透明度很低。如果还算有点内容的话，大银行的早期银行应用程序只给账户持有人提供简短的每月纸质账单。而来自数字银行的新方法则完全不同。以史达琳银行为例，它提供的服务是非常容易被感知的，从面部识别到账户识别，再到对你在日常用品、娱乐活动、家庭账单各方面消费的详细统计分析，应有尽有。该银行旨在促进人们与金钱的更加开放的关系，使之更加可见、有形、易于理解。没有什么是隐藏的或者神秘的。史达琳银行为人们对待金钱态度的转变提供了可能性，它的风格也被其他"仅移动端"银行，比如原子（Atom）和蒙佐（Monzo）所采用。史达琳银行不会出现账款凭空消失三天的诡异情形，每一笔账目都记录得清清楚楚，也就不会有什么意外发生。甚至，即将支付的款项都会提前做好标记，以便账户持有人有充足的备用资金。通过摆脱未知因素并提供长期的确定性，那种激发历史情感联系的恐惧就被消除了。

当下可用的技术给了我们充分的便利，让我们能够知道自己在一定时间内有多少钱可花，无论是一周、一个月还是一年，甚至直到我们生命的尽头。这种发展使我们处于与前几代人截然不同的地位。随着与金钱的传统情感联系的桎梏被打破，不确定性被消除，现在我们可以更加自由、更加客观地审视自己的未来财务状况。而且，在我看来，这一刻来得不算太早。随着临时工、固定期限工作和兼职的增加，我们的生活和工作方式正在发生翻天覆地的变化。如果我们想成功应对这些变化，那么就要对自己的财务状况更加熟悉，这一点至关重要。

我怀疑很多阅读本书的人可能会有所警惕。任何重大的变化都令人担忧，我们正处于一场金钱革命当中，这意味着我们看待和使用金钱的方式发生了巨大变化。当然还有很多事情需要了解。除了你对技术创新感到满意之外，还有一个问题即所有财务问题都会引发强烈的情绪。不论支撑这一切的神话有多么离谱，如果人们对现状有一点怀旧的情绪，那也是可以理解的。

我对所有人的建议是：将正在发生的事情作为一种全新的做事方式来接受。考虑掌控你的财富，拥抱这个更开放和包容的新时代吧。积极迎接金钱革命，并且采取对金钱的全新态度，很可能会引导我们更好地接受周围世界的变化，以及我们在其中可以扮演的角色。

为了说明我的意思，让我们看一下房地产业。对很多代人来说，买房子都是他们能做出的最重要的投资之一。投资一堆砖块和灰泥，确保舒适的退休生活，并且留给我们的家庭一份可观的遗产，这种做法已经成为常态。由于从前我们所掌握的信息远不如现在多，因此人们常常对自己的财务预测或者过度，或者不足。而不幸的是，这两种情况均存在。那些过度担忧的人可能一生都极度吝啬，为了购买一件昂贵的物品而节衣缩食，为的是给自己所爱的人留下一笔巨额遗产。这么做虽然很慷慨，但是在我看来，总有点浪费。每个人都应该在他最好的年华充分享受自己的生活，而不是受苦受难。而那些没有好的住房条件以安享晚年的人，却给下一代带来了负担。这两种情形都不好。

试图在享受生活和留下可观遗产方面取得适当平衡，这件事已经以各种方式脱离了当代人的掌控。可售住房的匮乏、房产顾问水平的低下，以及房地产价格高企等因素引发了住房危机。很多人已经成为"租房一族"。近年来，私人租房市场份额大幅增长，英国有将近400万套住房在出租。

关于这对未来意味着什么，已经有了很多令人忧虑的报道，因为人们不会再为购置那些大额资产而努力储蓄了。我们会给后代留下些什么呢？我想知道这是不是从错误的角度看问题呢？现在与未来，我们对自己在银行的权益有了更好的控制和理解，这方面的好处没有被考虑。说到底，这一代见多识广的人现在有机会用更少的钱生活，并且让他们花掉的钱物尽其用。与其像我们的父辈那样（也不总是非常准确），为了一个无端的目标而月复一月、年复一年地提前攒钱、计划，我们不如朝着更加易于管理的现收现付社会而努力。

021

灵活的赚钱方法

租赁的灵活性与我们现在正在追求的现收现付的生活方式完全吻合。租客想住在哪里都可以，如果他们不喜欢邻居，或者想要旅行一段时间，他们可以在租约期满时搬家。全面掌控你的财富，意味着你可以采取与你的祖辈完全不同的态度。你可以摆脱抵押贷款的长期束缚，这听上去不坏。更何况你还不用承担房屋日常维护的责任。如果热水器坏了，或者屋顶的瓦片被风吹掉了，那就让房主来修好了。

这并不是提倡忘记所有长期财务责任。尽管现收现付成为新常态，我们还是需要考虑我们的晚年生活。我一直担心的是，许多现在我所接触的年轻人，没有为他们的养老金做出任何规划。当我问他们养老事宜时，他们说不知道该如何准备，于是就选择忽略这件事。幸运的是，解决财务问题的新方法将在改善财务不平衡方面发挥重要的作用，并将为人们掌管他们的退休计划提供机会。最有趣的金融科技发展之一就是自动化顾问，也叫机器人顾问。这是一个重大的机会。导致停缴养老金投资的大量决定，是出于人们对财务顾问的普遍不信任。这也不仅是由于一系列广为人知的养老金销售的丑闻。许多人发现，财务顾问并不总是那么可信或者专业。他们不相信顾问所说的话，或者顾问的专业水平。没人愿意把自己的财富托付给那些似乎只是刚刚结束培训、一味地只知道遵循固定框选程序的人。这并不能确保人们获得订制的、贴心的推荐。另外，机器人顾问提供了一种可访问、低成本的投资途径，或者，正如人们所说的，金融科技公司提供了与人类顾问类似的软件，但是成本要低得多，而且它们更方便。想在凌晨 3 点得到退休金建议吗？那不过是点几下手机的事。这又一次与你的选择有关。

机器人顾问只不过是众多会改变我们看待金钱方式的有趣技术创新之一，我期待这些创新能够对广泛的金融决策产生影响，包括简单的财务计划、投资、养老金、抵押贷款等。任何建议都将获得大大改进的分析和数据可视化的支持，这将使用户更清楚地了解其财务状况。我会在本书中研究多款相应的个人应用程序。

重要的是要记住，在金钱方面，消费者不再想只做一个无力的旁观者。我们并不是被银行或金融科技的异想天开推动着，抑或被一个又一个新点子连番冲击。我们获得了大量的快速而又廉价的方式，来解决与"管理我们财富"有关的古老问题，让财富变得随时随地都更加容易被掌握。毕竟，控制权在我们手中，选择利用哪些新科技，以及何时选择，我们自己说了算。

023

最重要的是，我们正坐在驾驶席。我们不受金融机构和银行的摆布，不需要它们告诉我们需要什么。我们再也不用因为没有其他选择，而必须接受"嗟来之食"。今天，我们几乎无处不在地使用着高能力、低成本的运算力；无论我们去往何方，只要智能手机在握，技术便如影随形——我们对此抱有很高的期望，而且这一切理所应当。另外，在观察到诸如苹果（Apple）、亚马逊（Amazon）这样的公司给用户体验建立的高门槛之后，现在该轮到金融科技公司发挥更大作用。如果金融科技公司想获得我们的业务量和忠诚度，它们就必须领先一步，而且要不断领先。金融公司不应该再把得到客户视为理所当然了。如果它们那样做，你知道你可以怎么做——换一家金融公司。

无论哪家金融科技公司成功地引领了金融服务新时代的潮流，金融科技公司的经营方式都是一个不同于过去那种"我们和它们"这种对立境况的经营方式。银行和金融机构再也不能抓住客户一辈子，卖给他们尽可能多的产品。那样做对他们自己是有利的，但对花钱购买产品的客户来说并不合适。要想在金融服务方面取得成功，金融服务商需要真正成为一个"可信赖的伙伴"，始终如一地提供最好的产品和服务，同时为消费者提供帮助他们做出明智决定的所有工具。

作为客户，我们比以往消息灵通太多了。这不仅给了我们更大的购买力，而且使我们处于更加有利的地位，如果我们感觉被"强卖"，或者公然被操纵去做一些不符合我们需求的事情，就可以扭头去往他处。我们的财务透明度越来越高，自主决定理财也越来越容易。我们现在比以往任何时候，都更有能力准确地知道自己每一天（甚至每一分钟）的消费情况，并且根据这些信息做出一系列选择。现在是充分利用金融科技成果的时候了，本书将向你展示如何实现它。

第二章

要善于积累财富：加入金钱革命

金融世界已遭颠覆

即使你不熟悉颠覆者这个词，你肯定知道那些公司。颠覆者是像亚马逊、爱彼迎（Airbnb）、优步（Uber）那样的公司。这些曾经的"街区新孩子"接管了从前与客户建立的友好交互关系，然后从根本上颠覆了整个产业，从此一切都不一样了。现在轮到银行和金融公司了，它们世代相传的业务模式正面临变革。这种新的变革被称为"金钱的优步化"。

颠覆的方式有很多种，取决于行业。比如，有时候颠覆者给我们带来了全新而又对我们手头工作来说非常有用的创新。现在很难相信，但是在谷歌（和其他搜索引擎）出现之前，在几秒钟之内浏览网页并且找到你想要的东西是不可能的。苹果公司并没有发明 MP3 播放器，但是它的 iTunes 商店让你可以立刻给 iPod 或者 iPhone 装满音乐。

其他颠覆性的创新是立足于使现有工作变得更轻松和易于完成。如果颠覆者做对了，它们甚至可以发现新的市场。易趣

（eBay）就是一个完美的例证。在这个网络拍卖平台问世之前，个人买卖物品途径有限，人们无非就是通过分类广告、跳蚤市场、专业杂志进行交易。显然，这些方式往往耗时且不便，于是一些卖主就放弃了。eBay 的创始人准确地弄清了互联网的一大神奇之处：一小群有共同兴趣的人，可以以极低的成本（如果有的话）很容易地找到彼此。互联网是私下买卖商品的完美聚集地。只需点击几下鼠标，交易就完成了。eBay 创建了一个庞大的市场，让数以百万计的人们只需投入很小的精力就可以参与其中。规模和易用性是任何颠覆者的两大优先考量因素。爱彼迎和优步在采用现有流程并且加以简化的时候，也处于类似的地位。它们解决了租房或租车流程中的痛点，创造了新的市场空间。

　　这些颠覆者的共同之处在于，它们各自针对高度规范化的行业，并成功"搅局"。通常，现有企业会试图遏止颠覆者的无情脚步，而政府不得不出台新的规则来打击或允许颠覆者提供的服务。在几乎每一个案例中，这些颠覆者使用的有力论点都是，管理特定行业的那些规则是多年前为了全然不同的时代制定的。而在那之后，它们变得没必要，并且损害用户的最大利益。

银行业及其颠覆

　　银行业和金融业可以说是监管最严格、最严密的行业，这可能就是要花更长的时间才能在银行业和金融业充分发挥颠覆力量的原因。尽管存在一个服务缺位的市场，它通常会让颠覆者蜂拥而至，但是挑战似乎太大了。要想知道挑战到底有多大，看一看四大科技巨头亚马逊公司、苹果公司、脸谱（Facebook）公司和谷歌公司就清楚了。根据一些调查，在这四家公司的用户中，有

40%的人愿意通过它们的平台办理银行业务。[①] 然而，尽管我在撰写本书时，苹果公司已经发布了一张信用卡，亚马逊公司正在跟美国零售银行谈判，并且拥有一系列支付工具，但是没有一家公司急于获得银行营业执照。

人们似乎认为，这些大公司完全有能力将自己的业务范围进一步扩展到金融服务领域。毕竟，它们已经牢牢扎进这个领域，都在提供支付手段和其他货币服务。如果它们想扩大经营范围，门槛不会很高。毕竟，这些公司发展金融科技业务并不像大型银行那样，需要承担高昂的分行和柜台网点成本。它们也没有金融服务世界中大多数大公司承担的过高的客户获取成本。亚马逊的用户可能只是在需要付款时让亚历克萨（Alexa）[②] 处理一下。许多评论人士认为，这些网络巨头并不打算在传统（且受到严格监管）的意义上合法地成立银行。最接近它们预期的做法大概是与现有的银行合作，通过层出不穷的产品收费和特许权使用费来创收。

当金融行业发生巨变时，真正的创新不会由老牌公司引领，不会由既有的大型金融机构，甚至也不会是由亚马逊公司这样的新晋科技巨头引领。正像其他行业一样，真正的创新公司会突飞猛进，引领潮流。金融领域已经留给了一群充满创新精神、成长中的金融科技初创企业发展空间，它们在做突破性的新产品。就像我在爱尔兰联合银行工作的时候，在核心商业街看着"全新"

029

---

① Accenture, "Financial Providers: Transforming Distribution Models for the Evolving Consumer," http：//www.accenture.com/t20170111T041601 _ _ w _ _ /us - en/_ acnmedia/Accenture/next - gen - 3/DandM - Global - Research - Study/ Accenture - Financial - Services - Global - Distribution - Marketing - Consumer - Study.pdf, 最近访问日期为2017年1月11日。
② Alexa 是亚马逊旗下的一个给网站排名网站。——译者注

数字银行支行一样，那时的我思考着：一定有更好的方式。其他的创新者也看着这个老派的金融行业，并反思，为什么这样不行呢？

还是说回银行业，重要的是，颠覆已有数百年历史的银行业务模式，所涉及的并不仅仅是现有服务的数字化。就像之前的每一个颠覆者一样，颠覆既有的银行业务模式需要一种全新的思维方式。当史达琳银行开始考虑如何创建未来的银行时，曾想到，银行失灵，我们需要一种完全不同的银行，客户想要和需要什么？有几个原则特别突出：

●客户需要更好、更简单、更容易获得的服务，银行应以合乎逻辑的方式满足他们的需求和当前的生活方式；

●越来越多的金融产品、银行、机构出现，我们要对它们去神秘化。消费者需要一个大型、透明的市场。许多买家和卖家聚集在一个虚拟的平台上，以获得更加便捷的服务；

●我们要把客户（而非银行）的需求放在首位，使每一笔业务都能做到高效、简便、无忧，从而大大改善整体的客户体验；

●贷款更容易获得，并且条款更友好，收付款流程大大简化，整个体验更具包容性。在这些方面的机会似乎是无穷无尽的。

财富的未来在移动端

毋庸置疑，金融服务的未来将围绕着智能手机展开。这种小小的技术产物方便、精巧，提供快捷服务。消费者使用手机消费的行为已经发生了巨大变化。把银行业务作为起点，是因为银行在金融科技行业中走在前列。在早期的数字和手机银行时期，银行业务在很大程度上仅限于用户通过在线账户查看金融交易，但是现在我们已经习惯于用手机进行支付、转账等。事实上，我们用手机可以做的事情每天都在增加，早已远远比在实体银行网点中能做的更多，并且手机服务的价格更有竞争力，而且用户可以更快享受服务（用户也不用排队）。

当然，移动银行并不是挑战传统金融行业的唯一新颠覆者。由于手机使用量的增加，以及价格可以承受的数据服务的出现，许多金融科技公司在关注传统金融服务，并研究如何用技术让金融服务做得更好。在借贷、抵押贷款、支付技术、养老金方面，都有新的创新技术问世。事实上，金融服务的几乎每一个方面都正在被颠覆。引领潮流的金融科技公司的愿景是以高效、低成本、客户至上的服务，为消费者创造更多价值。一个个新的应用程序或服务出现，客户的期望值增高，创新技术也在发展。

保险业是一个目前正处于颠覆性变革早期的行业，但是已经有了一些令人鼓舞的发展迹象。以汽车保险为例，直到最近，大多数人为保有和驾驶他们的汽车支付（相当可观的）年费。如果你拥有一辆车，当你阅读本书的时候，你的座驾应该就停在外面的街上，或者安全地停在车库里。换句话说，此时你并没有使用它。事实上，除非你是专职司机，否则你大概一天中90%的时间不会用车。有些日子你可能根本就不会坐在方向盘后面。然而，你仍然要给你的车买保险。而这正是汽车保险令人恼火的地方：多数人只在短时间内用车，却不得不支付全天的保费。

由于数据技术的最新发展，这种情况很快将改变。现收现付车险第一次出现是在2017年，一举消除了巨额的预交保险费。用户只需每月缴纳平摊下来的火险和盗抢险保险费，然后每次开

031

车时再额外交一笔费用就可以。如果你不开车，那就无须付费。整个流程都是通过一个手机应用程序来管理的，它能记录每次司机坐在方向盘后面的时长。据首个推出现收现付车险业务的 Cuvva 公司估计，这种模式平均每年能帮不常驾车的司机节省70%的保险费成本，这笔费用有 500～1500 英镑。[①] 虽然老牌保险公司接受这一想法的速度很慢，但是人们普遍预计，这种支付驾驶费用的方式将在未来五年之内被普遍采用。其他类似的服务商也出现了，例如 By Miles 公司。

由于物联网的发展，Cuvva 和 By Miles 公司提出的想法将变成现实。说起物联网，人们经常带着某种轻率的口吻，拿一个智能冰箱来举例，这种冰箱能在牛奶和奶酪没有存货时提醒你。然而，物联网能做的远远不止这些。在金融领域，物联网提供一个绝妙的机会，能够利用每秒收集的有关我们的海量信息，创造出更多潜力无限的个人独特体验。

智慧思维、智慧银行和物联网

现在，让我们继续顺着智能冰箱这个例子，但是要扩展一下思路，看看我们的家居付费能变得多智能化。无数个夜晚，你坐在厨房餐桌旁用笔记本电脑购物，你得费劲地填写个人信息，验证信用卡，然后点击"现在支付"。好吧，忘掉这一切吧，这都是昨天的故事。金融科技发展得很快。通过诸如"亚马逊回声"（Amazon Echo）之类的语音优先设备购买商品和支付账单，将越来越成为常态。我所供职的银行一直在尝试把应用程序编程接口（API）集成在"谷歌家庭"（Google Home）这样的智能音箱

---

① 参见 Cuvva 公司的网站：www.cuvva.com。

里，这样用户就可以通过语音指令查询他们的账户余额或者付
款。由于有了物联网和现成的数据，一切都变得容易了。

　　我们支付日常生活费用的方式也在改变。由于与银行账户直
连的智能电表的普及，公共服务巨头手握大约 15 亿英镑超额预
付费用的历史将要终结。如果你资金紧张，可以设定一个供暖燃
料预算额度，家里的自动调温器会根据室外温度自动调节室内温
度，但是又确保不会超出先前设定的预算额度。自动调温器与你
的银行账户相连，可以随时监控意外支出或者异常需求，而不是
只盯着你设置的固定预算。对你来说，当困难日子猝不及防地落
到你头上时，你需要担心的事情又少了一件。也就是说，你只承
担那些必需的花销，不多也不少。

　　当涉及支付日常生活费用时，从钱包里掏出信用卡或者借记
卡的动作很快就会变得多余。正如现在大多数人很少使用现金一
样，我们对这种塑料卡片的依赖程度也在降低。消费者已经习惯
用手机，或者 Apple Watch、FitBit 这样的智能手表（手环）进
行支付，而且这个趋势无疑会进一步发展。虽然现在大多数可穿
戴设备被绑定在智能手机上，但是戒指、钥匙链、服装作为潜在
的支付设备仍然在被研究，毫无疑问，这种支付设备的技术将进
一步发展，我们的个人信息和购买信息将通过植入芯片或者面部
识别这样的生物识别技术得到保障。你也无须排队等待付款，因
为当我们进入博物馆、电影院之类的建筑物时，或者当我们带着
商品离开商店时，付款过程就自动发生了，每笔购买交易都将记
录在案，款项会自动从我们的账户中扣除。

　　金融业的各个方面都毫无遗漏地被这些新的、数据驱动的创
新技术以某种方式所触及，甚至我们借钱的方式也在改变。我们
在贷款时曾经看银行经理的"脸色"，银行经理根据粗略的信用

033

评分做出贷款决定，而现在有了更多的方法来评估借款人的信用，银行通常是通过分析贷款申请人手机记录的活动来评估。同时，P2P（peer-to-peer，点到点）① 可以把潜在贷款方和个人或者机构借款方直接匹配起来，它已经成长为一个超过 30 亿英镑的产业。

当今的金融科技创新者们正积极地全面瞄准交易，通过使用友好的交互界面，使流程更快、更容易，也更便宜。移动转账服务使人们可以完全绕开银行账户，人们通过手机转账给其他人，或者商家。

给个人的专属产品

我们之间的联系增强了，这不可避免地将对我们的生活产生影响，无论是家里还是家外，也让我们的财务管理流程大大简化了。由于我们每个人的详细信息随时可用，我们与金融提供商的关系变得更加个性化。抵押贷款、储蓄和养老金业务越来越不需要一刀切的做法。产品将更好地适应个人的身份和消费方式。同样，金融产品的营销将不再无的放矢。有大量信息作为基础，银行可以更容易地为个人提供更有针对性的服务、建议和奖励。那些钱包里塞满了塑料"忠实卡"② 的日子一去不复返了。所谓"忠实卡"不过是收集用户数据的一种笨拙工具罢了，并非用来奖励客户的忠实行为。我们正在进入一个新时代，商店和服务商真的在向真正忠实的客户提供奖励，这些都是看得见的实惠。由

---

① 此处指 P2P 贷款业务。在中国，有关部门加强了对 P2P 业务的监管和整治。截至 2020 年，中国实际运营的 P2P 网络贷款机构已全部消失。——译者注
② 会员卡、优惠卡。——译者注

于信标技术可以识别并跟踪个人的行为，商家可以随时向客户推送订制信息、促销信息或者个性化优惠。这不仅对商家有好处，而且对消费者同样有利。

有一件事情是肯定的：技术已经彻底地重新定义了我们使用金钱和经营金融生活的方式，我只期待这种变化的步伐加快。下一轮的金融解决方案很可能会远远超出日常金融服务的范围，因为我们传统上将其理解为全新的创新领域。

更智能：利用你的口袋银行经理

如果你还没有用上我们刚刚讨论过的先进技术，那么不妨立即开始使用它们。如果你有一部智能手机，那么你已经是一系列订制化个人理财建议的潜在受益人，并且可以随时随地获取这些建议。事实上，你可以把智能手机看作永久财务顾问。它更像是你口袋里的一位（消息非常灵通的）个人银行经理。这个手持设备是全天候免费建议的绝佳来源，将会引导你朝更加有效的资金管理方向迈进。如果你只使用一些金融科技产品，它们会帮助你随时查看你的支出和所使用的产品，那么你会自动受益。

你的口袋银行经理的作用不应该局限于更有效地储蓄和管理资金。除了一些基本功能，比如查看余额、交易提醒、还贷建议等之外，你只需轻点几下，就可以发现一些简洁的省钱小窍门。你可以设置手机消息提醒，在需要切换公共服务提供商，或者更换信用卡以省利息的时候，你的口袋银行经理会给你发出提示。它还可以辅助你，确保你不会陷入财务困境。它可以整合你每日、每月的消费记录，从而预测你未来的消费行为，然后会给你一个礼貌的提醒，告诉你如果继续以特定的速度消费，你将付不起下个月的房租。人工智能产品不断出现，持续增加你的福

036

利，于是你可以轻松地知道自己的养老金储备是否充足，或者自己是否可以实现重大的财务目标。

颠覆的可能性是无穷无尽的，有趣的新应用程序可以应对财务的相关问题。在史达琳银行，我们举办了"黑客马拉松"活动，与外部开发者合作，帮助他们使用我们向他们开放的功能。其中一个很好的潜在应用程序出自 MABLE Forge，它为家庭而设计，旨在帮助那些可能处于老年性痴呆早期阶段的老年亲属。这个应用程序可以跟踪痴呆症患者的消费模式（在他们允许的情况下），如果出现了异常模式，则可以提醒亲属可能存在迫在眉睫的问题。正如我所说的，这只是数百个新想法中的一个。在本书中，我们会看到许多类似的创新想法，它们已经变成真实的产品。但是特别需要注意的是，那些对你和你的家人有特殊影响的领域有哪些其他的事情正在发生。找到合适的应用程序，可能会改变你未来的财务状况和处境。

毫无疑问，从我们不得不在银行分行排队只是为了取现开始，银行业务已经走了很长一段路。由于颠覆者不懈地努力，我们正在经历一场储蓄、消费、管理资金方式的革命。对于一个历史上变化非常缓慢的行业来说，这是一个巨大的挑战，但是越来越多的新金融科技公司正在竞相努力，彻底改变关于金钱的一切。

第三章

珍爱你的数据：财务健康的关键

数据即赋能

数据很可怕，对不对？好吧，无论如何，从银行条款来看，数据的确很可怕。尽管大多数人非常乐意在各种应用程序和网站上，例如脸谱、领英（LinkedIn）、色拉布（SnapChat）、推特（Twitter）上分享个人详细信息，但是通常一旦涉及钱，他们马上就会刹住车。

你不必内疚。多年来，银行一直在为不分享你的详细信息而努力。分享信息会让你对欺诈者敞开大门。放弃你的个人详细信息，这相当于你外出一整天，家里的大门却敞开。

尽管你有充分的理由保持谨慎，但是不是过分谨慎了？而且，更重要的是，金融机构是否在鼓励一些有点混乱的想法？我相信它们确实鼓励一些混乱的想法，而且是针对我们所有的损害。并不是**所有**的信息分享都不好。你不应该对共享数据所带来的特殊机会视而不见。数据即赋能。

首先，要发出简短的（财务）健康警告，这并不是让你不必谨慎行事并忘记基本的安全问题！防欺诈人人有责。这可不是鼓励你把你的银行或者信用卡密码向所有人公开。不，我在这里说的是你的交易数据，换句话说，就是你每天在什么时间、用钱做了什么。你的生活以及你消费的方式和金钱流向会产生大量的数据，这就是所谓的"大数据"。对这些数据进行分析，可以揭示有关我们行为和互动的模式、趋势和关联。

曾几何时，企业最希望了解的是你当下用来申请抵押贷款的信息，本质上是你的信用评分、家庭人数、家庭收入。如今，你的在线资料已经远远超出了抵押贷款申请所需的资料。到 2020 年，地球上每个人每秒钟都会产生 1.7 兆字节的新信息。[①]

我们每个人所产生的数据量太大了，仅仅靠人类的技能来挖掘、组织和分析是不行的。海量的数据意味着需要复杂的数字收集、分析工具。现在有了机器的帮助，企业对你的了解比你想象的要多得多。由于有大量的互联网资源，你很乐意在网络平台上自由分享自己的信息，例如社交媒体、在线购物网站和商业论坛，因此企业可以通过你自愿发布的大量信息，对你进行评估和归类。每次当你在推特、色拉布、脸谱上面发布信息的时候，不论是订婚公告，还是新家或者新生儿的照片，这些信息都会持续地为你"画像"。你会为很多机构知道你那么多事情感到惊讶。你还可以通过销售用户数据的杂志、自愿填写的在线调查表，以及智能手机上的应用程序来收集数据。尽管程序开发者经常免费发布他们的应用程序，但注册和登录这些应用程序的代价是你在

---

① McKinsey, "Analytics in Banking: Time to Realize the Value," New York, 2017.

使用应用程序时提供的个人信息。

如果你读到这里感到有点不舒服，那么也不必如此。对于我们正在讨论的新型金融自由来说，这显然是件值得庆祝的事情。我们应该为此感到高兴的原因在于，数据为金融行业和消费者提供了几乎无限的机会。毕竟，企业了解有关消费者的信息越多，就越能根据消费者的个人需求订制产品。它们可以开发最好的产品和服务，帮助消费者充分利用金钱。

此外，充分利用我们的数据并不是什么新鲜事。这种做法是由邓恩哈比（Dunnhumby）公司开创的。这是一家由克莱夫·哈比（Clive Humby）和埃德温娜·邓恩（Edwina Dunn）夫妇创办的公司。该公司的重要客户之一就是连锁超市乐购（Tesco）。1994 年，乐购推出了它的会员卡，以赶超当时英国排名第一的零售商塞恩斯伯里（Sansbury's）。在邓恩哈比公司通过乐购会员卡数据对消费者的购买习惯进行分析之后，乐购时任董事长麦克劳林勋爵（Lord MacLaurin）称，邓恩哈比在 3 个月内对客户的了解，比他工作 30 年所了解的还要多。

尽管从那时起，充分利用大数据这一概念一直在发展，但一些金融机构（尤其是银行）的一些部门放慢了发挥它的潜力的步伐。我怀疑之所以银行一直担心分享关于客户的财务状况的信息是错误且危险的，是因为它们认为这是对它们商业模式的另一种威胁。为什么呢？因为一旦对客户的日常消费习惯有了进一步的了解，竞争对手就有机会冒出来说："嘿，我了解你的情况和目标，我可以给你提供更好的交易。"

幸运的是，那种把一切完全留给自己的压力正变得越来越小。数据是金钱革命的核心，共享数据是推动金融科技产业发展的动力，它使所有创新产品得以推出、不断完善和改进。这对于那些专注于数据服务的公司来说固然很棒，而对于消费者同样很棒。共享你的数据是让你比以往任何时候都更能掌控财富的关键所在。我们需要积极思考并接受共享数据，因为共享数据已经带给我们一些伟大的创新产品，并且有望为我们带来更多。

　　也许我们只需要对数据更加开放。或者，也许共享数据这整个概念需要重新定义，可以把它定义为共享密码。这么想是错误的。共享数据不等于共享密码。

为什么数据主导一切

　　大数据带来的可能性真的是无穷无尽的。我们仍然只看到一小部分可做的事情，因为金融科技的发展仍然处在相当早期的阶段。要想知道对于金融科技产品的消费者来说，共享数据会有多么令人兴奋的前景，不妨停下来看一看大数据对另一个行业的影响。长期以来，亚马逊公司是公认的大数据行家。这个在线零售巨头的客户群体已经以惊人的速度增长了十多年，这很大一部分要归因于它对大数据的极富想象力的运用。作为一家主要的零售商，它已经收集了海量的客户数据，包括客户的姓名、地址、支付方式、搜索记录。亚马逊公司的员工很早就发现，他们可以通过使用从整个客户数据库中收集的统计数据，来预测客户下一步将做什么，从而可以更快地拓展业务，也就可以赚更多的钱。简而言之，这就是大数据的全部意义。

　　多年以来，亚马逊公司一直在发展大数据技术，现在它是这种技术的绝对专家。这种技术并不是简单地指出客户是一位来自斯旺西（Swansea）的 30 岁女性，她很可能跟来自斯旺西的其他的 30 岁女性有相似的购买习惯。这种技术如今实在是太简单了。零售商会实时查看客户购买的商品、购买商品的当月日期和具体时间。这些行为都是实时的。与事后的数据分析不同，大数据分析是分析并预测用户未来的行动。有了如此多的数据，预测可以非常精准。

在收集了丰富的数据之后，亚马逊公司在数据库中把相似的客户进行匹配。那些客户的年龄可能是 20 岁、40 岁或者 60 岁，他们可能是男性，也可能是女性，而重要的是他们拥有相似的购买习惯。然后亚马逊公司会针对这群客户，给他们发送特别的产品推荐信息。这就是你的电脑上弹出来的"你可能喜欢这个"的产品推荐信息那样精准的原因。亚马逊公司的算法可以得出这样的结论：一个厨师刚买了一所新房子，他非常可能在月初为他的厨房买点什么，很可能点击企业给他发送的产品链接。人类是非常容易受暗示的，特别是如果这个暗示是精心设计的话。

金融科技公司正致力于做同样的事情。现在，金融机构对客户的习惯和需求了解得更多，它们可以用更有意义的方式来迎合客户。虽然银行曾经只试图简单地把储蓄、金融、保险产品卖给客户，而不管他们是否需要这些特定的产品，但是它们现在的优势是彻底地了解每一个客户。它们仔细研究客户的消费习惯，然后提供满足他们真正需求的个性化产品和服务。它们利用客户的数据来预测现有客户的行为，并且在数据库中匹配出其他与这些客户志趣相投的人，针对他们提供最合适的产品和服务。数据分析甚至可以用来精确地确定针对客户的特殊情况而发出订制推送的最佳时间。比如，你正在寻找贷款。过去，银行和贷款公司依靠信用评分来预测消费者行为和偿还贷款的能力。但是现在，它们有了更完善的客户资料，对像你一样的人的日常行为有了更深入的了解，因此它们就可以根据你的个人账户的风险，为你匹配相应的产品和服务。

　　同样，如果金融服务提供商知道你是对退休计划一点都不关心的那种消费者，那么它们就不会浪费金钱给你提供有关养老金或长期投资产品的信息。这是一个双赢的局面：对这些公司而言，它们不必浪费营销资源；对消费者而言，他们的收件箱不会被不必要的垃圾信息填满。

　　推荐系统在这里发挥了关键作用。产品和服务的数量一直在增长，做营销工作的员工可能有些不知所措。需要处理的信息太多，许多人需要做出关键性财务决定的时候，却完全不知所措。在这种情形下，谁会不欢迎基于自己消费、储蓄历史的个性化、周到细致的推荐呢？

　　可以说，在大数据方面，银行比其他任何领域的机构都更有优势。毕竟，它们拥有更多的客户信息，甚至比亚马逊这样的公司还要多。它们掌握很多关于客户每周、每月、每年的花销，以及管理财务的细节。事实上，它们处在一个独特的位置上，因为它们确切地知道客户喜欢把钱花在什么事情上。银行应彻底分析这些数据，就有可能为客户提供一种完全订制化的服务。

　　比如，你用 500 英镑开立了一个存款账户。没有大数据分析，银行很可能对你不会那么上心。它们可能只会与你进行必要的交流，而不会提供任何投资建议。如果你实际上有很多其他的资产、投资、储蓄，大数据就会帮助银行系统识别出你是一个比较富有的客户，银行就会更加积极地与你沟通。通过大数据分析，金融公司可以看到最大限度发掘客户的潜力。同样，这对客户也有利。

　　利用大数据，金融公司可以不断调整和改进金融产品和服务。借助社交媒体，金融公司现在可以轻松了解客户的购买感

受。这些信息有利于公司调整产品和服务，以增加积极的反馈和 045
提升客户的满意度。数据分析工具现在能够用来自社交媒体网络
的大量有意义的通信数据。你认为你的金融服务伙伴不了解你的
真正需求吗？它们现在了解了你的需求。

　　同样，设想一下金融服务提供商在关注你与它们产品的互动
程度。大数据为消费者可能继续使用或更换账户提供了有价值的
线索。这在市场营销中被称为"流失"。如果消费者显示出与注
销账户有关的特定行为，那么银行突然对消费者殷勤起来，就毫
不令人惊讶了。

　　数据在金融服务中真正发挥作用之处在于新产品的开发。对
于如今正在塑造金融业的颠覆者而言，最有趣的业务之一就是所
谓的开放银行业务。在欧洲，开放银行一直受到一个欧盟（EU）
指令的激励。这个指令的标题不是那么有创意，叫作《支付服务
二号指令》（Payment Service Directive Two，PSD2）。如果它的名
字听起来不是那么令人振奋的话，它的影响无疑正相反。它旨在
为诸如银行和金融服务公司之类的支付服务提供商提供公平的竞
争环境，使支付更加安全、稳妥，并保护消费者。最有趣的是，
它允许客户向选定的公司授权访问其银行数据的某些部分，同时
向第三方开放了支付服务和交易数据访问。这促进了全面竞争，
并极大地推动了创新。

　　如果你从来没有听说过开放银行业务，或者并不是真的理解
它是如何运作的，你也不必担心，因为你并非个例。一份
Equifax 公司的研究[1]表明，90% 的消费者没有听说过开放银行业

---

　　[1]　Equifax, "Use of Personal Data," http：//www. equifax. com，最近访问日期为
2017 年 1 月 24 日。

务。重要的，也是我们应该感到兴奋的是，如果一切按照计划进行，开放银行业务会激活大量的数据。那些富有远见的新金融科技公司就可以不断发布令人激动的新产品，从而让我们的金融生活更加美好。共享数据所带来的越来越激烈的竞争将促使银行服务的全面改善。

如果金融机构愿意提供应用程序编程接口，那么天才的开发人员就能在数据的基础上构建创新的应用程序。这与欺诈无关，而是根据消费者实际使用应用程序的方式来改进金融应用程序。开放银行业务对每个人都有好处。它为创建新一代（不断改进的）应用程序铺平了道路，开发者不必每次都从重新发明轮子这样的事开始。它对银行和金融机构也非常有用，因为它能发掘出新的收入流。它对客户来说也非常有用，因为他们将获得更加便捷的新服务和产品，以满足实际需求。

举个低息活期账户改进的例子吧。如今，人们普遍拥有多个活期账户。你可能有你的"主"日常账户，用来收取工资薪金、管理月度支出，比如按揭还款、付房租、付订阅费和健身房会员费等。如果你正在恋爱中，还可能有一个联合账户，用来集中资金，与爱人共同支付每月账单。你可能有一个单独的储蓄账户，或者一个你想保留的独立账户。由于可以共享数据，移动银行服务可以让消费者能够在一个地方查看每个单独账户中的所有资产，即便这些账户是在不同的银行开立的。你可以在一个屏幕上看到完整的月度支出快照，而无须查阅许多不同的来源。像这样的简单操作给你提供很多便利。

共享数据还有很多其他的方法让我们的生活更加便利。比如，某家移动银行在其市场上有一个抵押贷款经纪人的选择项目。根据《支付服务二号指令》，客户可以选择向与他们的银行合作的抵押贷款经纪人分享数据，以简化整个流程。抵押贷款经纪人能够实时了解银行客户的财务状况，因此可以快速推荐最佳的交易，而不必让客户陷入连篇的文牍和前置审查之中。此外，由于银行已经"了解"（Know Your Customer，KYC，行业术语，识别和验证客户身份的过程）他的客户，因此抵押贷款经纪人也"了解"了客户，从而大大简化和缩短了整个流程。换句话说，客户不需要一遍又一遍地重复审查了。

像自选市场的银行

对我来说，在新的金融颠覆性模式中，共享数据最令人兴奋的部分之一，就是有机会成为客户财务生活的中心。新的金融产品大量出现，还有更多的产品不断推出，客户需要一个"市场"来查看所有产品，并且找出最适合他们特定情况的那一款。我的愿景是，银行能成为这一切的中心，就像一个"应用商店"一样，使客户可以轻松地查看和挑选由精心选择的第三方提供的从保险到贷款的各种金融服务。

为了更加直观地说明它是如何运作的，不妨想一下在你附近的任何城镇或者市中心都能找到的那种自选市场。那里汇集了各种个体户和小商贩，销售从优质咖啡到优质奶酪的各种食品。对于顾客来说，这是一个绝佳的商业中心，可以漫步其中，挑选最好的产品。很自然地，人们会选择最吸引他们的东西，或者说最适合他们的晚餐食物。他们买了东西，会跟摊主建立联系。市场把他们聚集在一起。在未来，很可能银行将充当市场的角色，把它们引以为傲的金融品牌和服务汇聚在一起。

例如，史达琳银行已经与超过 20 个第三方金融服务提供商（涵盖了从保险公司到财务管理公司，再到储蓄和投资提供商）

建立了合作关系。史达琳银行有核心的活期账户产品，并在此基础上，该银行的中心为客户提供广泛的服务。我预测，在未来的几年里，随着银行理解了它们在客户与金钱的关系中处于核心地位的新角色，我们将看到更多类似的模式出现。

我在这里描述的市场模式也许不仅局限于金融服务领域。在人们联系愈加紧密的世界里，你的银行应用程序很可能会发展成更广泛的产品或者服务的中心。以汽车应用程序为例。它把一切围绕着你爱车的财务交易无缝整合在一起。你的车险、油费以及其他花销都一目了然。

你不必对广泛分享你的数据感到不舒服。在向每一个服务提供商分享你的详细信息之前，银行都需要获得你的同意。它们并没有肆意分享你的详细信息的全权许可。以前数据也许曾经在某些情形下被滥用，但是在开放银行业务的创新背景下，作为客户的你，得以重新掌控自己的数据。因此你不必担心共享数据。就像我说的，共享数据的正面因素总是大于负面因素。

值得一提并且颇具讽刺意味的是，正因为对于潜在犯罪活动的关切，共享数据也意味着我们不容易遭受欺诈。善用数据意味着我们可以实时查看账户交易情况。银行已经在通过分析来区分合法交易和异常交易或者可能未授权的交易了。异常交易很快会被发现，分析系统马上会采取行动，阻止交易，在欺诈发生之前就中止它。

有关数据的新规则的核心前提就是我们所有人都应该享受金融机构提供的更便捷的交易、更安全的支付，以及对我们日常财务事务的更轻松、更透明的管理。此外，如果金融公司向第三方供应商开放客户的账户数据（当然是在客户授权的前提下），这意味着发展和颠覆的速度会一直保持在令人兴奋的轨道上。

这一切才刚刚开始。大数据还有很多富有想象力的方式被运用在金融行业，将会对银行和金融服务产生重大的影响。而且，它是由消费者驱动的。归根到底，消费者，而不是公司，推动业务发展。

050

第二部分 ▏金融科技让金钱改头换面

第四章

检查你的信用评分

　　没有多少人不知道信用评分，或者不知道保持良好的信用评分有多么重要。但不幸的是，当人们对"良好"的真正含义产生误解的时候，问题就出现了。有一种观点似乎认为，信用评分是衡量财务稳定性的指标。换言之，较高的信用评分是财富的象征，而较低的信用评分则与贫穷相关。实际上，这完全是一种曲解。

　　信用评分仅仅是银行业的一个指标，用来确定申请人能否顺利地偿还债务，从而判断他们是否是贷款或者抵押贷款的合格对象。这个分数只有三位数，用来告诉金融服务提供商某个特定的人是不是一个好的选择，是否可以从他身上赚钱。

　　拥有良好的信用评分，并不自动意味着你很富有。亚马逊公司的创始人杰夫·贝佐斯（Jeff Bezos）可能明天就申请破产（我不确定这种情况是否会发生，但是请原谅我拿它举例），这会降低他的信用评分。但是，这并不意味着他一文不名。他仍然拥有数十亿美元的资产。破产只是表明他无法支付他的账单（真是令人震惊）。

同样，张三①可能有一个非常高的信用评分，因为他总是及时支付他的账单。不过，他的财务状况可能一团糟。实际上，因为欠着一长串债权人的债务，他的净资产可能是负的。或者，钱多多②也许是个百万富翁，但是她也可能拥有一个令人震惊的低信用评分。为什么呢？因为她从不使用信用。她的信用卡每个月都是全额还款，没有分期欠款，也不需要贷款。她从来没有证明过自己举债的能力。

所以，忘掉这个错觉吧。归根结底，你的信用取决于你如何处理债务。这不是一个表明你净资产的荣誉（或者羞耻）的象征。

财富象征并不是信用评分的唯一神话，它并不能真正帮助人们消除对信用评分过程的普遍误解。例如，并没有"普适"信用评分之类的东西，更重要的是，那些因为某种金融不端行为而在余生禁止再借贷的人也没有信用评分黑名单。每个贷款方都有一种不同的（最高机密）方式为潜在借款人评分。它们有一系列工具来评估是否该借款给某个人。这包括检查来自信用咨询机构的信用档案（详见下文）、贷款申请书随附的信息，甚至贷款方与借款申请人之间的任何可能的交易记录。如果贷款方拒绝了某个借款申请，并不意味着其他贷款方也会自动执行相同的操作。那样做行不通。

说得明白点，如果任何人有拖欠或推迟付款的历史，就"好像"他们被列入了信用黑名单中，因为许多机构在这种情况下会谨慎放款。但是，也有很多公司可以在这种情况下提供贷

---

① 英文原文为 Joe Bloggs，英语中拿来举例的普通人名。——译者注
② 英文原文为 Michelle Moneybags，是一个杜撰的人名。——译者注

款，尽管它们的利率要高于其他公司。

　　大多数贷款方很少帮助我们理解信用评分，这无助于人们理解信用评分的含义。而更糟的是，信用咨询机构需要让人们对信用评分保持某种程度的紧张感，这样它们就能向消费者销售额外的服务以监测他们的信用评分。

　　在讲述数字开发之前，让我们先简短地解释一下它是如何运作的。在英国，消费者需要接受来自三个独立的信用咨询机构的三个不同的信用评分：Experian、Equifax、Callcredit。在美国，评级机构是 Experian、Equifax 和 TransUnion。如果你从三个机构获取评分，那么评分结果都不同。这主要是因为，并非所有贷款方都向同一信用咨询机构报告或共享详细信息。根据 MoneySavingExpert.com 网站的统计，55% 的贷款人使用 Equifax，77% 的贷款人使用 Experian，34% 的贷款人使用 Callcredit。

　　各机构的最高评分也不同。Experian 的最高评分是 999 分，Equifax 的最高评分是 700 分，Callcredit 的最高评分是 710 分。很难把这三家的评分关联起来，因为它们的评分标准不同。所以，在 Equifax 你的信用评分是 459 分，在 Experian 你的信用评分是 997 分，而在 Callcredit 你的信用评分是 600 分。

　　你的个人信用评分是根据很多因素计算出来的。你的支付历史是诸多因素之一，所以，如果你有经常不付账单的情况，评分就会受到影响。你过去的信用记录是另一个影响因素。贷款方也会查看你的财务历史记录，检查你是否一直按时还清所有贷款。几乎让每个贷款方自动提起危险信号的，是你的近期大量的信贷申请。这种事情可以被看作财务出问题的早期指标，自然会让贷款方感到紧张。

　　首先让我们解决问题的第一部分。信用评分至关重要，因为大多数人迟早会以某种形式依赖信用。毕竟，如果没有借款，大多数人将无法购买房子甚至汽车。

即便你不买大件商品，信用评分也会对我们做出的人生决定产生重大影响。例如，如果你要租房，房东总是用信用报告来筛选潜在的房客。他们需要确定申请人付得起房租。

在所有这些情形下，信用评分在说服第三方你的资金充足的时候，都极受重视。而信用评分不佳的情况会以多种方式对你造成不利的影响，你不只被拒绝质押、贷款、租赁。事实上，讽刺的是，它甚至会让你的经济状况更糟。保险公司，特别是车险公司，在确定车辆保险费率的时候，也会参考信用评分。糟糕的信用评分就意味着高额车险！同样，在申请信用卡方面，信用评分不仅可以决定申请人是被接受还是被拒绝，还可以决定他们是否得到促销费率，以及合理的年利率。不良的信用记录可能意味着未来罚息的压力更大。甚至有些工作机会不会对有不良信用记录的申请人开放。金融服务，或者任何需要某种财务管理经验的工作岗位，都尤其如此，许多公司雇用员工会查看应聘者的信用记录。应该注意的是，公司必须征得应聘者的许可，才能访问他的信用报告。

056　　正如你所看到的，你的信用评分在很多不同的方面都很重要。但你可能认为自己无法影响信用评分。事实上，你可以做很多事情来改善你的状况，并保持一个良好的信用评分。最显而易见的，你至少要做到始终准时还款，不要错过任何一笔还款。错过一两笔还款，就可能影响你的信用评分多年。（请参阅本书第十章，那章介绍的一系列应用程序，可以帮助你保持账单有序可控。）

你也可以通过多种方式积极提高信用评分。如果你有余额为零，但是仍然可以使用的旧信用卡，那么它可以帮助你保持良好的信用记录。贷款方喜欢看到一个人拥有良好的信贷组合。如果某人有几张信用卡，有抵押贷款、车贷等，贷款方都会更感兴趣。

另外，值得记住的是，如果你与伴侣拥有联合账户，无论是抵押贷款还是联合账户，它们的文件都可以访问、查看，作为分数评估中的一部分。你甚至可能因为与室友的联合账单账户而被联合评分，这可能会对你造成不利影响。如果你的伴侣或者室友信用记录很差，那么你可能需要考虑把你们的账目完全分开。如果你和跟你合过账的人分道扬镳，你有必要把账户记录也分开，那么你要给三家信用咨询机构分别写信，向他们索要一个拆伙知情书。

不过，最重要的是，请定期检查你的信用评分。

保持良好信用评分的免费方法

信用咨询机构保存了关于你的大量数据，其中不免会有一些错误的记录，而且事情确实如此。这种情况出乎意料地很容易发生。比如，当你填写申请表格的时候，一不小心错把你的收入填成了 2500 英镑，而不是原本的 25000 英镑。谁还不会犯这种少写个零、点错个小数点的错误呢？很不幸，漏掉的这个零会严重破坏你的信用档案，尤其是如果你在别的表格都填对的情况下。像这样不一致的信息，或者每次列出的职位名称略有不同，或者拼写名称不正确，都会向欺诈自动评估流程发出警报，提示个人信息不完全正确。

不幸的是，这些人为的低级错误很难解决。不仅是你可能不知道自己做错了什么，而且公司也很难解释他们调低某人评分的

057

真正原因。

如果你想保持良好的信用评分，最好的建议就是你要跟所有三家信用咨询机构核对个人信息。每个人每年都至少应该核对一次信用评分，而且强烈建议你在重大项目申请之前再做一次。这样，你就可以注意到潜在的错误，并且在它们成为问题之前纠正它们。

不用担心核对你的信用评分会对信用评级产生不利影响：这是信用评分的另一个神话。核对自己的信用评分通常被视为"软查询"（soft inquiry 或者 soft pull），这意味着你的信用报告中没有"硬查询"（hard pull 或者 hard inquiry）。所谓"硬查询"，通常发生在你申请新的信用卡，或者提交抵押或一般贷款申请的时候。"软查询"发生在诸如潜在雇主对某人进行背景调查的时候，或者某人已经获得信用卡预批准的情况下。

你想查询你的个人信用评分，有一系列的服务可以选择。有些是付费的，有些是免费的。并不是说你必须花更多的钱，才能获得最全面、最有深度的信用报告。

那么，有哪些选项呢？

我们都有法定的权利从一家信用咨询机构获取自己的信用报告，而且只需花少量的钱。在英国，这笔费用是 2 英镑。这样的报告中包括了个人信用记录的基本信息，但不包括信用评分。上文提到的三家信用咨询机构都提供更加详尽的信用报告，不过你要按月付费。你可以不受限制地查看自己的信用报告，还可以享受额外服务，比如实际信用评分，以及在信用报告发生重大变化时收到电子邮件预警。

也有可以免费访问信用报告和信用评分的途径。Equifax 为它的信用专家（CreditExpert）服务提供 30 天的试用期，试用期内你可以完整查看信用报告、信用评分，还享受关于档案变动的电子邮件预警服务。试用期过后，想继续享受这项服务，你需要每月支付 14.99 英镑。你当然可以在注册、查询评分之后，赶在收费之前注销你的账号。Experian 提供了类似的服务产品 30 天试用期，试用期过后每月会收取 9.95 英镑。另外，你也可以通过 Clearscore 公司免费获得 Equifax 的报告。这家公司通过它网站上的产品佣金赚钱。最后，Callcredit 的信用报告和信用评分可以通过它的 Noddle 服务免费获得，而该服务也是通过贷款和卡片广告得以维持。

以上每项服务都有对应的应用程序，你可以很容易地查询、监测你的信用评分状况。

应用优选：独立信用评分应用程序

另外，还有许多免费应用程序并没有与信用咨询机构直接相连，但是功能大致相同。Totally Money 使用三家信用咨询机构之中的两家（Experian 和 Callcredit）的数据。它还能显示所有已经从抵押贷款、信用卡和透支额度借到的款项，并且提供长达六年的历史记录。它有个很有用的功能，就是实时数据更新。所以，你每次登录 Totally Money 的时候，它会根据你的实时财务状况更新信用报告。如果你的信用报告发生变化，它会给你发送消息，所以，如果你发现问题，可以快速解决它。比如你忘记了付一笔月度费用，它就会发给你一个有用的提醒，让你尽快付费。Totally Money 也能让你知道你的"借款能力"，以及贷款方如何看待你的申请。

如果你对提高信用评分感兴趣，你可能会喜欢美国的 Credit. com 应用程序，它不仅提供免费的信用评分服务和报告，还提供有关文章，介绍相关工作原理、如何提高评分、可以使用的产品。你甚至可以提交问题，或许在未来的文章中就能获得解答。CreditKarma 应用程序在提供常规服务（如免费信用评分报告、预警消息）之外，还有一个有用的附加服务：允许消费者直接从该应用程序里发起质询。CreditWise 是一款与美国银行Capital One 相连的免费信用评分应用程序，你无须购买 Capital One 的产品就可以下载使用 CreditWise。CreditWise 还有一个有趣的附加功能——信用模拟器，它可以显示还清债务等行为如何影响你的信用评分。此外，它还提供提高信用评分的个性化建议。

推荐应用程序：*Totally Money*、*Credit.com*、*CreditKarma*、*CreditWise*

数字信用评分

如果您的信用评分良好，那么一切就都看上去不错。在这种情况下，人们无疑认为整个系统运行得很好。申请人申请贷款、抵押贷款和信用卡时，银行会查询申请人的信用评分。很简单，对不对？

当今世界有数百万人信用评分太低，不够资格获得银行的信贷服务。有大批人被称为"信贷隐形人"（credit invisible），因为他们在主要的信用咨询机构没有信用记录。例如，在美国，超过2500 万人被信用评分模型锁定在所有贷款都不予考虑的状态。

如果你的信用评分还不错，也许你不会认为这与你有关。然而，它确实与你有关。事实上，每个人都应该警惕数字世界对信用评分的依赖。如果不与时俱进，几乎每个人都有可能获得糟糕的信用评分。

在现行的系统之下，各大信用咨询机构依赖的都是非常相似的指标。它们感兴趣的是你的支付情况、你拥有什么，以及你如何及时支付账单。然而，在一个支付结构每时每刻都在变化的世界中，这看起来已经过时了。现有的指标如何处理 P2P 兑换、全球转账、手机交易呢？这些都是人们越来越被依赖的支付方式。很多千禧一代的父母和监护人没有足够的信用记录来进行大额消费，但这就是常态。这意味着贷款方几乎没有信贷信息可以参考。

虽然信用记录无疑是有用的，但是"良好"信用的定义正在改变、扩大，目前还没有迹象表明信用咨询机构正在跟上发展的步伐。随着时间的推进，我们进一步接受了新的支付方式，也就越来越明显地需要其他的方式来评判贷款申请人，而不仅仅是依靠信用记录。

幸运的是，更多的创新信贷方式出现了。前文介绍的几个独立应用程序，展示了提高信用评分的更多方法。现在消费者可以使用应用程序提供的工具解决错误或不公平问题，或是利用工具来查询不同的行为对他们的事务有何帮助。

即便如此，这些变化还远远不够。近期人们关注的焦点是找到一种向那些通常会被拒绝贷款的人提供信贷的方法，这就要着手研究如何评估数字经济中的人，为此需要一种全新的评估方法。数据当然又是一个巨大的助力。金融科技正聚焦所有人现在可用的多种信息流，努力寻找其他广泛有用的信息。我们的消费记录、交际网络等细节，都可以使对我们信誉的描述更全面、更真实。收集不同银行账户中的数据有利于更深入地了解交易历史。随着机器学习的大量使用，数据分析将不可避免地推动金融科技在信用调查方面取得进展。

迄今为止，这方面最早的创新主要聚焦商业贷款市场。这一领域的许多初创企业在决定放贷时，已经完全忽略了个人信用评分。它们考查行为和数据，与申请人同类的小组进行比较，更好地理解实际发生的事情。像 PayPal、Kabbage、SmartBiz 和 Square 这样的公司，都提供评价信用的新方法。关于贷款方更多的细节，可以参考本书第十四章。

应用优选：没有或者信用记录不佳者

但是，如果你是一个信用报告不那么好看的人，怎么办呢？有迹象表明，企业对如何帮助这样的人越来越感兴趣。Petal 是一种新的信用卡，由在纽约的金融科技公司发售，它没有年费，有很高的信用额度。Petal 依靠机器学习，运用一种新创的算法，分析借款者的数字金融记录。尽管它仍然要参考信用评分，但它也考查申请人的收入、储蓄、支出、月账单。它的目标是完全透明的，因此，如果持卡人决定不全额还款，它就会显示他应付的确切利息金额。Petal 的年利率是 15.24% ~ 26.24%，相比之下，给没有信用评分者的其他信用卡的年利率是 29.99%，Petal 已经提供很大优惠。

推荐应用程序：*Petal*

应用优选："信贷隐形人"

商业贷款领域创新的最大焦点是那些人口比例异常高，却从没有出现在公共信用机构的人群，即所谓的"信贷隐形人"。他们有较低的信用风险，但要努力寻找方法来向贷款方证明这种情况。这尤其影响到发展中市场，那里的融资渠道较为有限，也使那些较活跃的经济体受到了打击。

移动通信领域已经确信具有巨大的潜力，可以在收集足够的有用信息以发展替代信用评分方面发挥作用。在大多数国家和地区，很多人拥有手机，而且手机里还储存了大量信息。人们使用手机的通讯录、日历、浏览器、社交媒体，以及更多其他的功能。所有这些活动都为行为分析提供了关键的数据。

以印度为例，在那里，13 亿人口中的 2.5 亿成年人没有银行账户，还有更多的人根本就没有信用评分。Cashe 向刚刚进入劳动力市场的年轻人提供个人贷款。申请人要回答一系列问卷问题，然后 Cashe 结合他们手机记录里的数据一并评估他们的申请。ZestMoney 专注于单一购买项目的小额贷款，把移动技术、数字银行、人工智能结合在一起，每个月审核 20 万个以上的贷款申请。在中国，互联网零售巨头阿里巴巴（Alibaba）上线了 063 花呗（Hua Bei），它实际上就是一个迷你贷款提供商。在一个只有 25% 的人口有信用记录的国家，如果大数据能提供可信的方案来替代传统的信用评分模型，那么剩下的 75% 就可以看作有利可图的潜在市场。在东部非洲，人们现在可以访问 Tala，Tala 能够收集手机机主的数据，并且使用这些数据来做出贷款的决定。手机保有率稳步上升，这为 90% 没有信用评分的人们创造了巨大的机会。

对信用评分的依赖已经过时，是时候对此重新考虑了。在这方面，那些不依赖信用评分的地区已经走在了前列。

推荐应用程序：*Cashe、ZestMoney、Hua Bei、Tala* 064

第五章

每次购物都能赚钱

忠诚度

近年来，购物人群中不可避免地出现了普遍的"忠诚度低"的情况。你知道这类事情：当你结账的时候，明明钱包里有一堆信用卡和借记卡，却几乎拿不出要用的卡。实际上，近 1/5 的消费者在过去 12 个月中从不兑换积分。[①] 在英国，据估计，在 3 个最普遍的体系，也就是乐购的俱乐部卡（Tesco Clubcard）、Nectar 卡和 Boots Advantage 卡当中，有价值 45 亿英镑的忠诚度积分处于休眠状态。

漠视某个事物的部分原因在于新奇感已经消失。毕竟，忠诚度积分计划并不是什么新鲜事了。忠诚度积分的前身是 20 世纪 50 年代的商品券，当时它就是一种营销工具，用来吸引回头客

---

① Deloitte, "Customer Loyalty: A Relationship, not Just a Scheme," http://www2.deloitte.com/content/dam/Deloitte/uk/Documents/consumer - business/deloitte - uk - consumer - review - customer - loyalty.pdf，最近访问日期为 2017 年 7 月 26 日。

在某家店花更多的钱。绿盾券（Green Shield Stamps）是第一种此类性质的券，很多收集它们的那一代人都会讲述他们费劲地把这种小小的纸券贴在翻旧了的册子上，以换取列表上的礼物的故事。直到 20 世纪 90 年代，企业才开始意识到让消费者申请商品卷和积累忠诚度积分的做法的其他巨大价值，也就是，通过它们，企业获取了大量关于个体消费者和他们消费习惯的信息。在英国，零售业巨头乐购率先推出了名为俱乐部卡的塑料会员卡计划。不同于兑换礼品，忠诚度积分可以在日后购买乐购商品时进行小额抵扣。这家超市巨头与 Dunnhumby 公司合作，从海量的数据中挖掘出个体购物习惯的细节，这些数据正是从俱乐部卡一点一滴收集起来的。毫不奇怪，这种策略迅速被其他主要竞争对手效仿。这些会员卡反过来催生了一系列在线计划，这些计划鼓励客户注册并获得积分。同样，这种方法在普通人群中迅速普及，你可以从任何事情上获得积分，比如加满一箱油、做一次 SPA，以及买一杯卡布奇诺。而与此同时，有关我们购物活动和偏好的数据也不断累积。

　　大型零售商中更具创新精神的人都知道，让购物者和忠诚度理念保持一致的压力正在增加。一些经销商想出的解决方案是将忠诚度纳入一个更广泛的"生活方式"应用程度当中。星巴克（Starbucks）的应用程度就是一个绝佳的例子。除了作为积分奖励的平台之外，用户还可以用这个咖啡店的应用程序来下订单、付款，甚至访问流媒体音乐。会员获得星值，并可以实时兑换星级奖励。整套服务旨在增强星巴克的"生活方式提升"的品牌形象。

　　毫无疑问，在新一代忠诚度计划中最成功的例子之一，是亚马逊金牌会员（Amazon Prime）。起初，消费者交一年的会员费仅可以获得亚马逊公司免运费的服务，但是现在，亚马逊金牌会员可获得大量的会员权益，从实时观看流媒体音乐、电影、电视剧，到数字照片存储。而交了会费之后，消费者总是倾向于从零售商那里购买更多的商品。

所有迹象都表明，忠诚度积分计划将继续发展。忠诚度正在进入另一个创造性阶段。看看下面的忠诚度积分计划的优选应用程序，也许会对你大有裨益。

应用优选：跟踪忠诚度积分

如果你是那种塑料卡片的忠实用户，那么现在有多种方式来跟踪它们的状态，而不必把它们全都塞到臃肿的钱包里。像Perkd、Snappcard、Stocard这样的应用程序可以让你把所有的会员卡都放到一个应用程序里。你只需扫描你的会员卡，然后就可以把它们添加到一个数字钱包当中。然后，当你购物需要会员卡时，把你的手机展示给收银员让他们扫一下就行。这些应用程序可以储存数百张卡片，所以无论你在哪里购物，即便你只是偶尔去某家店，都没有理由错过优惠。这当然是跟踪你的权益的好方法，更加简洁、有效，这样你就知道你的积分的价值，以及什么时候可以把它们用掉了。

推荐应用程序：*Perkd*、*Snappcard*、*Stocard*

应用优选：将积分累积到银行应用程序中

新一代的应用程序让收集和兑换忠诚度积分更加便捷，让你的生活也更加轻松。事实上，积极地兑换积分不再是你的任务，应用程序自动就为你做好了，你几乎都不用考虑它。

像 Flux、Tail、Yoyo Wallet 这样的应用程序会把忠诚度积分

累积到支持的银行应用程序中。你需要做的就是在支持这些应用067
程序的商店（目前与之兼容的零售合作伙伴包括 Café Nero、
Eat、Itsu、Planet Organic、Visa、Costa）购买商品，每次购物使
用的任何会员奖励都会自动显示在你的银行应用程序中，并附有
详细的分项收据。你甚至都不必通过这几个应用程序，或者扫描
任何条码进行支付。你只需用常用的卡或者手机支付即可。然
后，当你累积了足够的忠诚度积分来获得奖励时，你的应用程序
将代表相关零售商把现金直接返还到你的银行账户中。你真的不
需要做任何事。这样做的优点在于，它克服了零售商与客户间成
功建立忠诚度的最大障碍：卡片太容易丢失或你忘记随身携带，
甚至你都忘记了你早就注册过会员了。

忠诚度积分计划仍然还有很多改进的可能性。未来，会员卡
可能跟手机中的定位服务相连。商店之间可以相互合作，提供一
些真正富有想象力的激励措施。这样，当消费者在健身俱乐部的
自动售货机上购买功能饮料的时候，就可能得到附近体育用品商
店里一双跑鞋的九折数字优惠券。发挥想象力，商业企业可以将
消费者麻木的态度转变为忠诚度，并使会员卡成为一种出色的营
销工具，给消费者和企业都带来益处。

推荐应用程序：*Flux*、*Tail*、*Yoyo Wallet*

返现

优惠券和忠诚度积分都很好，但这都不如用返还现金[①]，
去购买自己本就想买的东西来得实惠。在线和基于应用程序的068

[①] 返还现金即返现，消费者在商城购物后，可以积累积分。等积分达到一定数
额后，积分可以用于到指定商家购物。——译者注

返现服务已经存在了一段时间，催生了一个全球 800 亿美元规模的产业，这很容易理解。[1] 下面告诉你如何使用返现服务。首先，你要注册一个返现网站，例如 Topcashback 或者 Quidco。当你想在线上购物时，不要直接去零售商的网站上去买，而要去你选择的返现网站上找到那个零售商。如果它在列表上（大多数主要经销商，包括超市、时尚店、DIY 商店，都在返现网站注册了），点击链接访问这家公司。返现交易不仅涉及传统零售商，还涵盖了家庭账单，比如更改能源或者宽带服务商。同样，你只需通过返现网站访问这些公司，然后继续购物即可。

一旦你通过现金返还运营商进入一个站点，你对所选商店的访问就会被跟踪，如果你购买了某种商品，就会在交易完成后获得返还的现金。你能获得的返现金额是基于销售额的百分比，不同的零售商提供不同的激励，但金额可能是很可观的。这笔钱可能会在之后的数周或者甚至数月才能到账，但是一旦形成了习惯，你很快就会积累规律的进账。的确有些人声称每年通过返现网站购物赚到了几百英镑。

对于那些还没有尝试这种省钱方案的人（甚至那些已经或尚未真正考虑过它的人）来说，显而易见的问题是：零售商为什么要送钱？毕竟，羊毛不是白薅的，对吧？简短的回答是：这只是商店众多促销工具中的一种。返现背后的技术相当简单，因此运行成本很低，返现却是企业吸引潜在客户的好方法。比起花费数十万美元在潜在客户可能甚至根本看不见的广告活动上，直接奖励给消费者一小笔钱要便宜得多。这样的奖励拉近了企业与

---

[1] Cashback Industry Report, "A Global Industry Comes of Age," http://www.cashbackindustryreport.com，最近访问日期为 2015 年 9 月 21 日。

个人客户的关系，使他们更可能成为回头客。返现网站是一个向零售商网站吸引流量（也就是消费者）的好方法。

应用优选：线上线下购物

就像忠诚度积分计划一样，返现业务需要持续进行，以便商家与客户保持联系。尽管促销始于线上，但现在它已经拓展到线下了。当购物者实地探访一个大型商店的时候，他也可以得到返现。以 Topcashback 和 Quidco 为例，当你在线下实体店使用信用卡或者借记卡消费时，它们都有相应的返现方案。使用 Quidco High Street 和 Topcashback OnCard，你只需简单地把你的常用信用卡或者借记卡注册到你的账户里。当你去商店用你的注册卡片支付商品时，零售商会为你支付佣金。你还可以在购物前浏览它们的网站，激活要访问的商店中的独家优惠。确认购买后，返现金额将直接转到您的账户中。

推荐应用程序：*Topcashback*、*Quidco*

应用优选：额外折扣优惠

在返现领域有一个最新的金融科技公司叫作 Tail，它跟史达琳银行和蒙佐银行都有合作。在我撰写本书时，Tail 在伦敦和 M25 区域内的餐饮场所提供大幅折扣，所有折扣都跟你用于支付账单的卡关联。地理范围很可能会扩大，网点覆盖面也会扩大，我完全期待看到更多返现应用程序朝这个方向发展。

开始使用 Tail 的应用程序时，你需要一键绑定你的数字银行账户（如果你还没有史达琳银行的或者蒙佐银行的账户，可以免费注册一个）。同意使用条款之后，你就可以浏览应用程序中的内容，查找你感兴趣的商品了。商品信息流是实时更新的并且

070

针对特定地域，可以帮你找到附近任何优惠活动。在 Tail 应用程序中弹出的任何优惠都是通过在相应的商家使用你通常的银行卡来返还的。你不需要卡券、跳转页面和扫码，甚至不需要完整地"告诉"Tail 你接收返现的银行账户或者卡号。累积的返现额会定期存入你的账户。

推荐应用程序：*Tail*

电子收据

推着购物车穿过 Aldi、Lidl 这样的杂货店的自动门，你不会关注任何不实用的商品，而只会关注商品的价格是否合适。选择在 Saks、Selfrides 这样的高端时尚店消费，你会理所当然地预估会多花钱，但是当你跟店员接触的那一刻起，你就知道你将获得周到的服务。去乐高（Lego）、哈姆雷斯（Hamleys）、FAO 施瓦茨（FAO Schwarz）这样的玩具店，你可能会后悔对据说妙趣横生的所谓"零售戏剧"抱有期待。购物需要点魔力。

有一种几百年来根深蒂固的做法，就是每次你买东西之后，收银员都会给你一张收据，上面写着谁在何时、何地买了什么东西，价格是多少。仔细的人会把这张写满上述信息的小纸条小心地折起来放进钱包，或许将来备查，或许记进预算簿。但更可能的是，它就被扔进买东西时的购物袋里，然后被忘掉。

无论哪种方式，你都肯定没有停下来想一想：从非接触支付到自助服务机，我们几乎在购物的各个方面都有了 21 世纪的解决方案，但是为什么我们还像以前的人一样，仍然收取纸质的收据呢？这不是一件荒谬的事情吗？

诚然，一些服装和科技零售商现一般跟你要一个电子邮件地址以便发送电子收据，但是即便如此，这也是一个有点笨拙的解决方案。不过，商家现在已经在朝着把我们所有的购买记录数字化的方向努力了。

这时候你可能会想：那又怎么样呢？谁会需要有人提醒我们在网上怎么购物呢？最好悄悄地忘掉，对吧？呃，不是的。收据有很多便利之处。首先，它可以让你非常清楚地知道你把钱花在了哪里，这反过来会让你在更好地掌控你的金钱上有个参考。例如，如果你的账本显示你每周通常都在一个工匠咖啡店消费 15 英镑，而你的月薪已经捉襟见肘，你也许就该调整你的消费行为了。此外，如果商家以电子形式给消费者发送收据，就能减少浪费，因为消费者不再需要纸质收据了。这意味着节约纸张、石油、水——这些都是生产纸质收据的原料。如果你担心环境问题，使用电子收据可以让你为环境保护尽一份力。此外，如果整个消费流程数字化了，结账时花费的时间也会减少。

电子收据还有一个优点，即可以提高安全性。详尽的书面追踪文件以及购买凭证意味着如果出现任何问题，银行、零售商和客户之间可以轻松地解决任何有争议的交易。

应用优选：与银行应用程序无缝整合

众所周知，收据很难追踪，这反而否定了它作为有意义的销售记录的作用。Flux 公司和 Sensibill 公司开发的应用程序彻底改变了这种状况，它们能够存储、汇总、分析收据，无缝整合你消费的时间、地点、商品、金额、支付方式等信息。当你为商品付款时，人工智能可以像人类一样"读取"收据（如果将它们从提包中取出的话）。应用程序了解收据的每一个数据点，对它们进行分类，然后把它们分配到银行应用程序里的各类预算中。

Flux 目前与史达琳银行、巴克莱银行（Barclays）、蒙佐银行

072

合作，而 Sensibill 与苏格兰皇家银行、国民威斯敏斯特银行（NatWest）等合作。作为客户，你需要做的就是打开应用程序，像平常一样为你要买的商品付款。当你用银行卡付款时，应用程序会在你购物的零售商和你的银行之间建立数据交换。应用程序会从商家的销售系统中记录详细的交易，并跟银行应用程序进行核对。然后，你不仅会看到整个交易的总价，还能看到所购商品的完整清单。比如，你知道的不仅是在咖世家（Costa）消费了5英镑，而且会知道你买了一杯大豆拿铁和一个杏仁羊角面包。

数字收据是开放银行业务的又一突破。Flux 和 Sensibill 之类的金融科技公司并没有试图制造出一种能够说服客户以不同方式付款的全新设备，而是与银行和零售商合作，在它们现有的基础设施上开发应用程序。

推荐应用程序：*Flux*、*Sensibill*

073

第六章

储蓄和投资最大化

从无人驾驶汽车、线上购物，到语音控制超级助手，机器已经成为我们生活中越来越重要的一部分。一段时间以来，计算机几乎让我们所做的一切都变得更快、更智能。这也包括让我们随时随地花钱更快、更容易。你可能还记得第一次使用 PayPal 这样的服务在网上购物的经历，无须费力地输入大量个人数据，PayPal 真的给人极大的惊喜。现在，还有许多其他快速简便的付款方式可供我们选择，例如 Apple Pay 和 Google Wallet。

我们的消费习惯得到了充分满足，可我们的储蓄呢？技术如何帮助我们在下雨天赚钱？如何帮助我们的小钱增值到可观的数量？并非每个人都觉得有能力有效处理自己的财务问题，那么技术如何提供帮助呢？

答案是：有很多非常有趣的方式。实际上，这方面有两个关键的进展，它们都对储蓄和投资产生了很大的影响。产生影响的第一个因素是机器学习，这是一种预测业务。机器学习可以帮助企业通过借鉴过去的行为来预测下一步将要做的事情。一旦企业对我们可能会做的事情有了一个很好的了解，就可以对我们可能需要做的事情提出有益的建议。机器学习的预测非常准确，而且涉及我们口袋里的现金时，准确度也很高。

产生影响的第二个因素是人工智能。人工智能的美妙之处在于，它不需要一个活生生的人为我们做出反应和决策。人与人之间的互动非常棒，但是，面对现实吧，有时候我们会很迟缓。无论我们多么努力或多么训练有素，也会一次又一次地犯错。更重要的是，我们容易被影响我们决策能力的偏见和情绪所左右。人工智能保证了快速、客观的决策，并且保证了最佳的财务决策。

这对你我的个人财务状况意味着什么呢？好吧，机器学习和人工智能能够快速处理大量数据。换句话说，这项技术可以以远远超出你我能力的速度收集、解析、理解数据。数据的这种超高效利用，带来了越来越个性化和智能化的建议，将帮助我们管理和积累财富。当然，这些机器还没有达到与人脑相当的"一般"智能水平（人工智能的这一分支被称为超级智能），但在进行数值计算、预测和提供建议时，它们是无敌的。

机器学习已经在储蓄和预算中发挥了重要作用。应用程序能够收集我们的数据，准确计算我们的收入和支出，并就如何分配资金提出明智的建议。这样做的目的是使金钱不会被浪费。通过这种由机器主导的监督，我们可以更容易地看到自己无意间做的破坏财务状况的事情。机器可以用来帮助我们向正确的方向努力，这样就不会有令人讨厌的意外发生。

同时，人工智能使我们能够更轻松地执行日常任务，例如计划账单并确保我们有足够的资金按时支付。它还使我们能够在各种在线账户之间进行切换，因此我们可以随时了解自己的真实财务状况。你永远不知道，自己实际上可能比自己知道的更有钱。

有了这样的技术，一切都会变得更加便捷，而且同样重要的是，一切都不会被忽略。

大多数人认为自己不需要全面的财务建议，可能只需要考虑把钱留作储蓄还是还清债务。但是，储蓄、投资或者收入较高的人可能会觉得与财务顾问交谈受益。当然，你可以真的在银行跟某人交谈，解释自己的个人情况，并获得有关如何充分利用自己金钱的订制化建议，但这样的日子已经一去不复返了。近年来，随着一对一的财务咨询变得越来越难以为继，人们不得不勉力而为。尽管银行非常清楚这是金融机构可以为客户提供的最佳服务，但不幸的是，这也是与客户打交道的最昂贵的方式。这就是财务顾问以及他们曾经工作过的银行分支机构以惊人的速度消失的原因。同时，签约独立财务顾问（IFA）似乎令人望而却步。更严格的规定［如零售分销审查，该规定于 2013 年由金融行为监管局（FCA）实施，作为其消费者保护政策的一部分］迫使受监管的顾问持有更高级别的资格证，并且 FCA 禁止他们销售金融产品以收取佣金。财务顾问提供的建议的质量可能参差不齐，而收费却很高。

幸运的是，年复一年不与金融专家对话的日子现在已经成为过去。得益于人工智能驱动的个人助手，或者叫机器人顾问，先进的人工智能算法可以为个人提供明智的订制化建议，涉及从投资到储蓄账户的事务。这些基于你的个人数据积极的建议完全根据你和你的情况量身定制。每次你与银行或投资服务提供商进行沟通时，人工智能都可以了解有关你的其他信息，并可以使用这些信息给你提供明智的建议。客户不再需要一刀切的方法，也不再需要适合金融机构而不适合客户的产品。你将始终获得最适合你当前和长期需求的最佳解决方案。如果有任何特定的疑问，你的机器人顾问都可以解决。

人工智能有什么不利之处吗？毕竟，我们生活在社会中。无论数字世界变得多么奇特，或者开发出的产品多么非凡，我们将始终渴望某种真人互动。无论我们与谁交谈，即便对面不是一个实体的人，它也会把我们当个人来对待。这么说来，虽然你不会跟一个实际的人面对面，但机器学习和人工智能之间的配合的确提供了获得与人互动感觉的可能性。通过准确地分析你的数据，金融机构比以往任何时候都更了解你，并且可以确保你获得适合的服务。实际上，机器人顾问很可能是一个催化剂，来帮助我们重建与金融服务业之间爱恨交织的关系。

在下文，我列出了一些机器学习和人工智能改变你与金融世界的互动以及储蓄和投资的方式。

控制你的消费：雇用一个数字首席财务官

做出理性的财务决定并不总是那么容易。我们整天被诱人的购买选择轮番轰炸。每个人都想赚你的钱。一个吸引你眼球的降价促销或者一件奇妙的新产品会让你消费。你会被一个口吐莲花的销售人员蛊惑，花钱购买他的产品。这也不仅仅是你意志薄弱、挥霍浪费的问题。零售商在广告和市场营销上花费了很多钱，还优化了它们的店面布局，确保你被它们的店吸引。通常买完产品几天后，你才开始感到后悔，特别是如果你的购买行为使你陷入入不敷出的境地时，那就是一切美妙开始消散的时候。当购物的美好感觉消失时，债务就纷至沓来。一个小错误可以让财务状况迅速失控，并导致银行透支额逐步攀升。

唯一真正为这种不断恶化的财务状况感到困扰的人是你。

作为个体，我们有责任掌控自己每月的收支情况。银行并没有什么困扰，一旦有人让事情失控，它们就是我们高额透支费用的受益者。英国金融行为监管局已建议对英国市场进行改革，每笔透支的费率应该是简单的单一利率，而不应该是一个明显的任意值，但是在本文撰写之时，这仍处于审议阶段。未经安排的透支仍然是一种非常昂贵的贷款方式。但是，尽管存在不断的收费威胁，要自己跟踪财务状况并不总是那么容易，尤其是当面对自己想买的商品试图进行快速的心算时。（我能买得起鞋或大衣吗？距离支付日就剩一周半，而我这个月的确要付房屋保险……）毫不奇怪，当压力加大时，我们就可能遗漏数字，就会犯错。

不仅是复杂数学运算使许多人陷入困境。许多人因为太过害怕，而不去仔细检查自己的真实财务状况。据研究，2/5 的成年人对自己当前的财务状况知之甚少，[①] 有 2/3 的人不能准确说出自己银行账户中的余额，有 64% 的人不能准确说出他们的信用卡余额。不能完全理解全部情况的不仅仅是"普通人"。我曾经与一位金融记者进行过非常生动的谈话，她告诉我她认为每 7 英镑透支额支付 1 便士没什么大不了的。她甚至使用了"便宜"一词。我必须跟她解释一下，可以计算出每天每 7 英镑透支额，银行收取 1 便士利息，如果账户持有人持续透支，则每月需要支付 30 英镑。

许多银行对创新的透支费用结构和每日收取的固定费率大为吹嘘。但是，这些费用可能非常高。例如，如果你透支了 100 英

---

① Newcastle Building Society, "Attitudes to Money," http://www.newcastle.co.uk,
最近访问日期为 2016 年 5 月 9 日。

镑，银行每天要收取 50 便士而 31 天你需要支付 15.50 英镑。

透支费用的方式复杂，对我们毫无帮助。这意味着你可能要靠猜测来确定每月拿什么来还清账单，或者要多久才能还清信用卡欠费。难怪事情有时会失控。

试想一下，如果你有一个随时可用的信息工具，可以实时估算你的消费能力，它会说："善待自己吧，买这件商品没问题。"有时它会警告你："现在不要买它，等下个月再买！"当然，你已经有了手机。许多最新的移动银行应用程序对即将到来的事务以及事情的走向（或者趋势）进行了细分，就好像你的口袋中拥有一个数字 CFO（数字首席财务官）。对于那些不熟悉公司层级的人，要解释一下：CFO 是首席财务官（Chief Financial Officer）的缩写。首席财务官受大型机构雇用，职责是管理公司的财务，包括制订财务计划、管理资金风险、保持准确记录、提交年度报告。他们是预算管理、成本效益分析以及预测未来需求方面的绝对专家。当你想使财务正常运转时，他们正是你需要的人。

对于每个人来说，没有两个月是相同的。同样，你的数字CFO 可以把工作做到前面。一旦它知道了你的所有详细信息，就会预估你可能已经忘记的费用。它还知道并非所有费用都适用于以月为周期的框架。例如，你可能每两周或每周支领一次薪水，而不是每月一次。如果你是当今兼职经济中的一员，甚至无固定收入。你可能有一定的经常性支出，有时候间隔不到一个月，有时候则超过一个月。你可以交给数字 CFO 去消除财务波动，它会让你清楚自己真正需要消费的是什么。

应用优选：全面、实时地了解日常支出

你应该已经完全习惯了吧，你的移动银行应用程序可以成为

个人数字 CFO。如今，移动银行应用程序上可用的功能远远超出了查询余额、转账。移动银行应用程序的高级版本可以逐项列出你的收入和支出明细，这样你就可以轻松跟踪自己的支出习惯。它们列出了你所有的收入来源与每月支出，并使用易于理解的图形将其分解为所需的费用，例如房租、抵押贷款、日常用品，以及外出就餐或买衣服等机动支出。这样一目了然，你可以实时准确地了解个人现金流。

在史达琳银行以及基于应用程序的机构中，实时付款通知是始终显示的可视提醒：你没办法逃避日常支出的现实。你可以了解自己的日常消费习惯以及在某个特定商店的消费金额。那些一直不知道自己真实现金状况的人刚使用移动银行应用程序时，会不习惯。但是，如果你对财务状况有详细的了解，那么就更容易掌控自己的财务状况。其他具有类似功能的应用程序包括蒙佐（Monzo）、Revolut 和 N26。

如果你发现自己每个月的支出都比收入要多，请转到支出快照，让你的数字 CFO 告诉你怎么分配资金以调整哪些费用来弥补差额。另外，如果你每个月都有盈余，那么你可以考虑如何处理闲钱。

不要只想着我能负担得起吗？找出答案！询问你自己的数字CFO。

推荐应用程序：*Starling*、*Monzo*、*Revolut*、*N26*

应用优选：积极干预以防止超支

大多数好的预算应用程序采用"仪表盘"的方式，使你可以在一个界面管理所有账户信息，方便你准确地查看所有收支情况。你甚至可以利用图表，来看看怎样在不改变生活方式的前提下，改善自己的财务状况。Money Dashboard 的饼图和折线图可以动态调整，这样你就可以精确地知道，如果你每天提前 20 分钟起床，自己做外带美式咖啡和午餐便当，一年下来可以省下多少钱。它是一种只读工具，但是它可以在视觉上提醒你该如何改善你的日常状况。Yolt 是另一种选择，它可以链接来自你的活期账户、储蓄账户和信用卡的数据，因此你可以在同一个地方查询所有交易和余额。这些图和表可以很好地帮助你直观地了解你每月的财务状况。它最具特色的功能是"智能余额"，可以显示你账户中总共需要多少钱用于支付账单和必需品，还剩下多少钱可以用于娱乐消遣。

为了手动干预数字 CFO，你可以求助 Squirrel，它采取一些强制的干预方式。要使用它，你需要在巴克莱银行开设一个账户。把你的薪水存进去，这个应用程序会逐渐将钱发放到你的活期账户，这样你就不会挥霍活期账户中的钱。你可以根据自己的喜好（或至少根据你能负担的额度）设置每周津贴，它还可以确保账单支付，并且每月自动扣款，确保你有一定储蓄。这个应用程序对于难以摆脱透支消费的人来说，非常有用。

相比之下，Cleo 是一款聊天机器人助手，具有对你账户的只读访问权限，可以即时解答有关支出和储蓄的问题。这样，在你做一些可能会后悔的事情之前，你就可以停下来，深呼吸一下。如果你曾经惊恐地盯着你的余额，喊道："钱都去哪儿了？"那么它可能就是适合你的应用程序。它会确切地告诉你，你把钱都花在了什么地方。

推荐应用程序：*Money Dashboard*、*Yolt*、*Squirrel*、*Cleo*

应用优选：联合账户

都说异性相吸，但是如果你过于节俭，而你的伴侣却经常有疯狂的消费冲动，那么你就有理由重新考虑是否将资金汇入联合账户中。或者，至少你可能希望密切关注该账户的支出。史达琳银行提供一个联合账户，开立方式跟个人账户一样简便。这真的很方便，因为这样你就可以在一个地方同时看到你们两人的余额。还可以考虑其他应用程序，例如 Money Dashboard、Spendee 和 Mint。一旦将每个账户都绑定到应用程序，就可以对交易类型进行分组和分类，这样你可以更清楚地了解在哪里消费了什么。这是让支出完全透明的完美方法，多个账户概览的功能非常有用。它还可以确保你们就金钱进行更好、更有依据的对话。你不必一定要与共享信息的人保持亲密关系。应用程序共享钱包可以成为管理室友之间预算的一种非常有用的工具。

083

一旦你们都准确、实时地了解了财务状况，你们就可以为未来做出更好、更明智的财务决策。

推荐应用程序：*Starling*、*Money Dashboard*、*Spendee*、*Mint*

为特定目标攒钱

如果你能理解数字 CFO 这个比喻的扩展意义，那么值得一提的是，在商业领域中，CFO 扮演着双重角色。他们不仅管理公司的日常财务需求、保留财务记录、提供详细的数据分析，而且在对未来的财务预测中也起着重要的作用。换句话说，他们确保企业始终有足够的资金来实现它需要实现的目标，并且永远不会因为突发意外而偏离正常轨道。他们还提前计划公司在未来数月和数年内可能要进行的重大投资。所有这些不可避免地需要有足够的现金。

这正是你的数字 CFO 可以为你提供的服务之一。前文中列举了移动银行应用程序中的诸多有用功能，其中之一是可以计算出你每周可以省出多少钱。而后，钱会自动"转存"到单独的储蓄账户中。

无论是大学学费、新房，还是梦想假期，每个人都有一个大梦想。这些重要消费项目通常需要大量现金。如果你缺少可变卖的资产，那么获得所需总金额的唯一方法就是攒钱。

储蓄也不只是为了将来有一天实现自己的大梦想。理想情况下，我们所有人都应该至少有三个月的薪水作为缓冲，以防止出现意外情况，但实际上很少有人这样做。可是，假使你突然面临计划外的账单，那么即使拨出几百英镑的应急资金也对你有很大帮助。不过，你需要严格建立这样的应急基金。

小小的步骤可以而且确实会带来巨大的变化。换句话说，那些可以帮助你养成健康的储蓄习惯的应用程序，将有助于改变你的前途。实际上，这就是基于应用程序的技术应有的作用。输入目标金额和截止日期，让应用程序设置一个储蓄进度表，看看每个月需要攒多少钱。

应用优选：可视化储蓄进度

许多储蓄应用程序使用老式的"果酱罐方法"，达到了攒钱的目的。过去，一户人家把每周预算分成若干小堆，一堆用于房租，一堆用于食物，而另一堆用于应对突发事件等。史达琳银行希望成为数字版果酱罐，你可以在其中随时存储任意金额。你可以把自己理想的消费项目的图像添加到目标"罐子"上，例如，你梦寐以求的加勒比海度假胜地的金色沙滩的图像，或者你一直渴望得到的那辆漂亮的小型跑车的图像。

　　还有其他专用的果酱罐样式应用程序，例如 Goodbudget 和 Mvelopes，它们与账户链接，对支出进行分类，并将交易分配到专用区域保管起来。使用 Savings Goals 应用程序，用户可以输入任何长期储蓄项目的目标金额，以及他们希望获得全部金额的截止日期。这个应用程序会制订一个储蓄计划，列明你每月或每周需要攒多少钱，然后跟踪你的进度。你还可以在应用程序中设置日常抹掉零头储蓄，这样，应用程序可以把钱的零头存到你选择的目标罐子中。你还可以把存入数额设置为 2 倍、5 倍、10 倍，这样就可以加快储蓄进度。

　　如果你急需用钱，可以让应用程序少存一个月的钱（尽管不建议养成这种习惯），或者如果确实出现了意外支出，那么你可以将资金转回你的活期账户。

推荐应用：Goodbudget、Mvelopes、Savings Goals

应用优选：可用时分配备用资金

　　如果你根本做不到每月积攒大量资金，那也请你放心，即便少量积累，也会终有进益。诸如 Chip 和 Plum 之类的自动储蓄账户，可以算出你承受得起的储蓄额，而又不会对你惯常的消费习惯产生重大影响。它们需要链接到你的活期账户，但仅用于只读访问，查看你的交易记录。Plum 与 Facebook 合作，而 Chip 独立运营。算法每隔几天计算一次是否有剩余空间，不管有多少，都会自动将资金转入你的账户。使用 Chip，按标准你会得到 1% 的利息，但是如果你拉着朋友也来注册，则可以额外获得 1% 利息，最多获得 5% 利息。如果你某周余额不足，也可以手动添加一笔钱到 Chip 储蓄罐里。在撰写本书时，这个利率相当高，因为这个应用程序正在积累客户，不过每天投资的上限是 100 英镑。

推荐应用程序：Chip、Plum

应用优选：注意动向

当然，储蓄还有另一个作用，那就是拯救金钱。[①] 我的意思是，不要浪费金钱，也不要搞不清金钱的流向。充分掌控你的现金流意味着即使你喜欢成为人群中最慷慨的灵魂，也需要确保自己不会因为看不到谁欠你的钱而遇到麻烦。

分摊餐厅账单、为朋友的生日礼物凑份子、参加公共聚餐，你很容易碰上以上情况。你图方便全额支付了费用，而接下来，你就要为分账头疼了。现在，这个古老的问题有了数字解决方案。Splitwise 是一款拆账应用程序，你可以在其中与多个朋友创建群组，拆分出每个人的应付金额。每个人的费用和欠款都记录在同一个地方，这样组中的所有人都可以看到他们欠其他人的款项。该应用程序会跟踪你们之间所有的往来借贷情况，并在每个月末发送提醒，以便每个人都可以偿还欠款，并重新开始下个月的记账。你可以通过 PayPal 或者现金付款，如果用现金的话，可以手动将结算记录登记在应用程序中。

当餐厅向一大群人提交账单时，FlyPay 可以帮很大的忙。你可以通过它点单，它会自动对账单进行分配，这样每个人就知道谁该付多少钱了。它还可以让你在一些诸如 Gourmet Burger Kitchen、Jamie's Italian 和 Wahaca 等场所通过应用程序直接付款，省去了招呼服务员的麻烦。你只需要用手机付款，然后起身就走。

---

① 在英语里，储蓄和拯救都用"saving"一词。——译者注

最后，不要忘了 Starling Settle Up 和 Monzo Me，它们内置在银行应用程序中，可以帮朋友和家人更轻松地转账。这个过程意味着你无须扫码，也无须反复确认，只需轻点几下手机即可。

推荐应用：*Splitwise*、*FlyPay*　087

第七章

现收现付保险

面对现实吧。保险最大的问题是，没有人真的愿意买保险。当然，我们都知道自己"需要"它，或者这是一项"明智"的投资，或者在某些情况下它是"强制"性的，例如驾驶汽车，但这并不意味着人们会喜欢或者接受这项花费。这种普遍的矛盾情绪可能在一定程度上是保险业创新速度缓慢的原因。当然，与其他享有金融科技巨大进步的金融部门相比，各种形式的保险引起的潜在颠覆者的关注度要远远小得多。的确已经有相应的应用程序出现了，可能让我们选择保险公司的体验更快、更轻松，或者使我们能够从多家保险公司选择保险，但是它们还无法消除公众购买保险产品的普遍冷漠情绪。

对于任何考虑颠覆性路线的人来说，还有另一个潜在的障碍。在推出令人振奋的新产品以撼动发展有点缓慢的保险业时，这个行业已然面临挑战。除了需要遵守该行业大量的政府法规之外，保险公司需要应对的可能结果也非常不可预测（这就是我们需要保险的原因）。从海啸到森林大火、地震、洪水，再到普通的道路交通事故，所有的"上帝行为"都使这个行业难以解读。不管你喜欢不喜欢，很多意外情况在常规数据之外。

然而今天，不乏挖掘保险市场潜力的企业，并且它们在革新这一非常传统的生意方面做得很好。实际上，很多资金被投入这个行业，并且已经出现了这个行业的流行语——保险科技。这个词与金融科技类似，只不过是针对保险业来说的。

对于新兴的保险科技行业而言，已经证明非常有效的是对更加个性化的商品和服务的广泛且不断增长的需求。不管我们买的是什么，我们都想知道自己是否买到了合适的产品。正如本书开头所讨论的，物联网和超级互联的世界意味着订制产品和服务在各行各业中越来越成为可能。保险公司现在可以根据消费者的特殊情况来调整保费。按里程购买汽车保险就是例子。我们也有可能通过安装远程信息处理设备，来记录我们的驾驶情况，从而确定我们的车险可以享有的折扣。这对年轻司机来说是一份巨大的福利，否则他们可能负担不起驾车上路的费用。在某些地方，一些寿险公司为佩戴健身追踪器的人提供健身房费用补贴。

即便如此，保险业还处于颠覆的早期阶段。保险科技企业正探索所有可能性。它们正在挖掘这个市场的潜力，各种好点子不断涌现。例如，面部识别技术有望在评估人寿保险条款的覆盖等级方面发挥作用。毕竟，专家（实际上是计算机）已经可以通过"读"我们的脸，来分辨有关我们和我们生活方式的各种事情。我们的外表可以提供关于我们的年龄、生活方式、健康状况、吸烟习惯等信息，就跟长达 10 页的调查问卷提供的信息一样。

物联网和生物识别系统收集的数据只是冰山一角。保险公司

090

越来越愿意采用有关生活方式的应用程序来收集有关我们的数据，以便提供更准确的报价。这对所有人来说都是个好消息。现在，保险公司获得了更详细的信息，获知真正的风险所在，它们的保险定价将变得更低。

重塑保险业并非易事，就像我说的，我们正处于创新思维进程的开端。在本章中，我介绍了一些目前最有趣的初创公司和开发进展。

保险模式的再创新

毫无疑问，近年来困扰保险业的最大挑战之一是信任——保险公司与客户之间的信任。

从最真实的意义上来讲，保险这个词意味着投保人与保险公司之间共担风险的机制。但是，随着时间的流逝，这种理想已经失去了方向，商业模式已经变成了投保人与保险公司争利。这种做法永远行不通，并且毫不奇怪，它导致了这种局面：每当投保人提出索赔时，一方或双方都感到愤愤不平，或者一方没有遵守协议。

这是怎么发生的？从历史上看，由于高昂的销售和管理成本，保险公司不得不承担非常大的间接费用。这导致该行业共同努力，以最大限度地减少索赔额。保险公司就获得了以超出协议条款范围甚至条款模糊不清为名迅速撇清责任的名声。更糟糕的是，它甚至偶尔拒绝支付完全合法的索赔。毫不奇怪，这种状况破坏了保险公司与投保人之间的信任。现在我们正面临这样一种状况：当紧急情况发生时，每个人都预期保险公司会自动减少赔付金额，甚至完全拒赔。

大多数客户自然感到不满，因为他们觉得自己必须在获得一点点赔付之前，拼命证明自己的清白。所以，一种心照不宣的做法是，投保人试图"先发制人"，将一些额外的项目混入索赔列表中，拿给保险公司去削减。例如，在入室盗窃中，投保人可能会列出没有真正丢失或被盗的东西，跟已被盗走的贵重物品列在一起。投保人的想法是：如果他们增加一些索赔物品，而保险公司再去掉一些，那么最终会达到某种平衡。不可避免的是，一些反复无常的行为将进一步推高保险公司的管理成本，并使问题进一步恶化。有时消费者赢，但多数时候是保险公司赢。不论如何，这个过程对任何人都没有好处，只会让情况变得更糟。结果就是，大多数人把保险业看得很低，并竭尽所能花最少的时间来考虑它，或与之互动。

长期以来，人们认为，再多的令人兴奋的技术也无法解决消费者期望与保险业务模式之间的根本性失衡。就像所有受到颠覆者关注的行业一样，解决方案是采取激烈的行动。保险科技创新者决定，与其浪费时间尝试把传统保险业数字化，不如彻底改变保险业务模式，开发全新的保险产品，以完全不同的方式运作。最具讽刺意味的是，新方法的基础是最早的共担风险的思路，并且这种思路带来保险业务的完整闭环。由于有了这种新思路（或者说采用最初的思路），我们已经看到一些非常具有创新性的解决方案，用来解决保险公司与投保人之间的信任问题。

在点对点系统之下，投保人的数量要少得多。甚至可能只是一群亲密的朋友或家人汇集他们的资源，为他们中的一个或多个遭受某种不幸的成员提供帮助。如果保险期结束没有发生意外，那么保费可以退还给资金池中的每个人。

应用优选：分担风险

美国的保险应用程序 Lemonade 通过确保保险公司不会从未

赔付的款项中获利，解决了信任问题。它收取固定费用，从每月保单支付费用中拿走 20% 的费用。这个应用程序运行方式的关键是所谓的"回馈"机制：任何未索赔的钱都会用于慈善事业。它的工作方式是这样的：客户通过应用程序选择他们关心的慈善机构，所有选择相同慈善机构的客户归为一组。支付给每个虚拟组的保费，用于支付同一组内个人的后续索赔。到了年底，剩余的钱会被捐赠给某组中每个人都选择支持的慈善机构。由于信任的作用是双向的，因此应用程序的客户不太可能对自己的索赔造假，如果他们这么做，那么他们不只从阔佬保险公司那里拿钱，实际上会减少对他们选择的慈善事业的支持。由于该应用程序操作简便，因此 Lemonade 也承诺会在短时间内付款。

朋友分担风险的概念也正在兴起。Friendsurance 利用社交媒体将朋友联系在一起，朋友们从知名保险公司那里购买集体保险。任何人只要注册了，就会加入一个他们已经知晓的小组，并支付预付保费。如果在投保期没有人要求赔偿，那么所有人都会得到返还费用。提供这项服务的保险公司宣称，与传统保险公司相比，它们收到的索赔减少了 20% ~ 40%。这个想法完美地参考了互助保险的旧概念，即鼓励人们通过共同承担责任，来满足自己的需求和应对风险。

推荐应用程序：*Lemonade*、*Friendsurance*

应用优选：社交保险

Teambrella 是一种工具，它不仅使人们对保险公司的需求消失了，而且消除了风险，因为每个人的利益都是一致的。客户组成了客户自治社区小组，可以批准或拒绝使用该应用程序的索赔。该应用程序目前正在六个国家进行试点，包括美国、德国、荷兰等。每个 Teambrella 小组的成员都有责任相互扶助，并决定个人的风险状况、保险金额、索赔合法性等。这一切都是公开的，每个人都可以发表评论。一旦保费水平得到小组成员的同意，每个小组成员就将他们的"保费"放入一个数字钱包。这更像一个托管账户（在交易过程中保管现金的第三方账户）。这笔款项保留在数字钱包中，如果小组中的任何人提出索赔，并获得其他小组成员的批准，则可以从数字钱包调用钱。如果没有人提出索赔，那么钱将留在数字钱包中。

So-Sure 是一家英国公司，运营另一种形式的"社交保险"。通过 So-Sure 应用程序，一群朋友可以给手机和在线接口投保。最棒的一点是什么？只要该小组成员的手机没有损坏、丢失或被盗，小组成员每年就能拿回 80% 的钱。这样做的好处是，收回你的钱完全取决于你的朋友没有提出索赔，而不是取决于你不认识的人。你仅与你认识和信任的人共担风险和共享回报。

所有这些新的保险产品都完美地运用了共担风险的理念。像这样的"点对点"或"群体池"模式在处理索赔方面具有透明性和公平性，为保险行业注入了急需的信任气氛。

推荐应用程序：Teambrella、So-Sure

094

智能互联的家

在住房保险方面，最新的想法从单纯为财产"保险"，转变为永久"保护"我们的房屋和财产。换句话说，住房保险的目标是预测和预防，而不是修理和更换。物联网再次在这里发挥巨大的作用。遍布房屋的智能传感器可以收集有关温度、水电消耗、可能的闯入者等数据，一旦出现任何问题，就可以通知房主，并可以在发生损坏之前进行干预。

这些预测和预防模型也提供了诱人的前景，即更精准（甚至可能更便宜）的保费。与其为同一街道上的所有家庭提供相同的保险报价，不如为每个家庭量身订制保险，这才叫公平。从智能家居收集的数据是高度个性化的，可以进行核对和比较，这样保险公司可以获取更具竞争力的保险费报价。随着技术的进步，保费会变得越来越精确，并且有望更便宜。

应用优选：智能家居保险

Neos 保险公司鼓励客户通过安装一系列与互联网连接的传感器来创建自己的智能家居设备，所有这些传感器的购买费用都包含在保险费中。该保险公司开发的应用程序 Neos 监视和管理各种传感器，甚至可以控制它们所连接的某些组件，包括运动传感器、摄像机、烟雾探测器等。当然，智能家居设备都跟客户的手机相连。因此，如果客户忘了关前门，或者厨房水槽漏水（泄漏是家庭保险索赔的最大来源，约占 1/3）[1]，Neos 就会告知客户，让他们可以在问题发生之前采取措施。该应用程序在巧妙的连接思想指导下，旨在将客户与维修服务联系起来，因此，即便发生最糟糕的情况，一切都容易掌控。它甚至保留了受信任的密钥持有者的日志，如果房主不在，他们可以让管道工进入。

Neos 并不是唯一一家采用这种措施的保险公司。既有的保险公司和初创公司都将智能家居保险视为未来的发展方向，并开发可密切跟踪家居设备状况的产品。家居设备的潜在问题使人们

---

[1] Aviva, "Ten Most Common Claims Made Against Home Insurance Policies: List," http://www.aviva.co.uk，最近访问日期为 2013 年 2 月。

认同智能家居保险并用智能设备连接房屋其他设备。至少在短期内，许多公司可能通过提供折扣，来帮助房主安装所需的设备。另一家家居保险初创公司 PolicyCastle 已经为客户提供了 15% 的折扣，条件是安装经过批准的智能家庭安全系统或者泄漏检测仪。如果已经安装了这些设备，客户就可以将设备的照片上传到应用程序系统。如果客户随后在保险期间安装智能家庭安全系统，保费可以调整。

推荐应用程序：*Neos*、*PolicyCastle*

应用优选：快速续约

通过智能设备收集的数据不断增加带来的另一个好处是，家庭保险的更新变得更加容易。像许多种保险形式一样，设立房屋保单传统上需要客户先完成一份范围广泛的调查问卷，然后保险公司才能设定保险费率，并批准该保单。数据记录越来越多，这个过程所花的时间也会大大缩减。确实，减少官僚主义是保险科技公司处理家庭保险的任务之一。Homelyfe 是一款应用程序，它承诺家庭可以在四分钟之内找到并购买保险。它还与第三方合作，这样，客户无须卸其他应用程序（如移动银行），就可以享受保险服务。

推荐应用程序：*Homelyfe*

096

应用优选：房客

住房保险市场上另一个值得一提的好点子是押金替代保险计划的发展。多年来，这是租赁市场一直急需的。租房者可以作证，在准备好租金并入住之前筹措一笔押金，通常与起初找到要出租的房子一样困难。再加上租房中介费以及后续产生的大笔账单，这些确实对租房者提出了很大的挑战。而如果你要搬家，从一处出租屋搬到另一处，则通常需要先缴纳新的押金，然后才能拿回之前的押金，这只会让事情变得更加麻烦。

现在有保险单可以解决这个问题，租户也就不必再拼命筹措相当于数周房租的押金。Dlighted 和 Canopy 策略背后的想法是为承租人造成房屋损坏或不付租金支付赔偿金。Dlighted 的保费是由房东或租房中介，而不是房客支付。在租赁期结束时，Dlighted 保险公司最初会与租户解决纠纷，但是如果双方未达成协议，则房东或代理商可以提出索赔，并由租户承担赔偿费用。Canopy 的工作方式正好相反，租户为保险买单。Canopy 承诺向租房者授权，并使其能够通过 Web 应用程序或智能手机支付押金保险。它使用"RentPassport"保存租户信用和租房记录。这些服务为房东提供与租房押金相同的保障，在租期结束时，Canopy 替租户支付关于房屋损坏的赔偿金，或者未付租金。

这种保险对任何难以筹到押金的人来说，都是很棒的。显然，如果你能够轻松支付押金，那么你也可以自己权衡一下，是否值得通过购买保险来支付较小的金额，不过要特别注意，这笔钱你交了就拿不回来了。如果你是那种通常会履行所有租赁义务的人，在租房方面也很明智，那么对你来说，使用传统的租房方式可能更好。

推荐应用程序：*Dlighted*、*Canopy*

人寿保险：为你的生活方式投保

社交媒体有利于保险公司。实际上，现在我们愿意公开晒出有关我们日常生活的一切，而事实证明这样做的价值无限。保险业巨头有专门负责监控没完没了的"可爱小猫"或者"跳舞婴儿"的大型部门。为什么保险公司这么做？因为当它们发现某人在网上吹嘘自己刚刚完成一万米跑，而且这个喘不过气来的发布者声称自己"实际上无法外出"而索赔大额赔偿金时，保险公司这么做就非常有必要了。

这是一个极端的例子。在协助索赔和发现欺诈方面，保险公司的社交媒体调查部门至关重要。保险公司的调查是完全合法的。读一读你的社交媒体平台细则，上面的条款清楚地写着，调查人员可以取用在线发布的信息，如果你做了任何违法的事情，这些信息也将对你不利。如果你仍然对保险公司有能力做到这一点感到惊讶，那就没必要了。这没什么新鲜或不寻常的。通过在线行为跟踪技术，"老大哥"（Big Brother）在看着你。① 你肯定已经注意到，在一个愉快的早晨，你在 Google 上找到了合适的新沙发以后，接下来的几周，你就会被家具广告的弹窗淹没。现在，我们所做的事都不会长久保密。

当然，由于这样的事情无论如何都会发生，你可以从中发掘积极的一面。保险业也有积极的一面。在这个互联互通的世界，人寿保险提供商可以基于你的生活，生成更准确的订制报价。换句话说，你的个人信息不是被人用来对付你，而是可以被用来帮助你获得更准确和更具成本效益的人寿保险。

读到这里，你的第一反应可能是恐惧。你可能会想：为什么我要让其他人查看我的私密信息呢？我的社交媒体信息发布对象是朋友和家人，而不是陌生人。你不会是唯一这么想的人。人寿保险业一直面临的最大挑战之一就是很难让客户自愿授权，以便

① "老大哥"是一个英语专有名词，意指控制人们思想行为的虚伪领导者。出自乔治·奥威尔的名著《1984》，书中的政府头目"老大哥"彻底控制着人民，"老大哥在看着你"这一标语，提醒人们注意"老大哥"知道他们所做的一切。——译者注

让保险公司更仔细地查看他们在社交媒体上发布的帖子。除了隐私问题之外，大多数人根本不认为他们需要这种程度的审查。实际上，大多数人甚至不觉得自己需要人寿保险。毕竟，谁能想到可能会遭遇不幸呢？但是，不幸的事的确会发生，而且比我们大多数人想知道的更多。实际上，29 个孩子中就有 1 个孩子在自己长大成人之前就失去了父母。通常，与此相关的收入减少会加剧这一事件带来的冲击，很可能会使家庭其他成员陷入财务危机。

如果你仍然不喜欢陌生人窥探你的聚会方式，不必担心。新的技术让你有另一种选择：开放银行。一旦你继续使用应用程序，它们就可以通过你的线上生活来收集有关你的更多信息。它们可以查看你的 LinkedIn 数据来很好地了解你的收入等级，查看你的 Facebook 来看你有多喜欢冒险，等等。Hiscox、QBE、MetLife 等保险公司已经在使用这样的数据，向客户推荐更具个性化的产品。

应用优选：简易的申请程序

目前，保险科技行业的焦点是寻找有关人寿保险的对话契机，这样就能有更多人得到更好的保护。最新的想法是，运用技术在恰当的时机介绍保险产品。例如，这种时机可能是在婴儿出生后或购买房屋时。来自诸如 Anorak 的应用程序的新一代产品被称为智能人寿保险顾问，整合了多个第三方合作者，例如移动银行、价格比较网站、经纪人等，使该应用程序与用户相关并且操作简单，减少了"填写表格"的麻烦。Anorak 使用数据科学来处理有关个人住房、家庭、收入、财务状况的相关数据，以评估客户所需保险的类型。还有，该应用程序可以对大多数主要保险公司的保单进行扫描和评级，以便在几分钟内给客户提供订制的方案。它还可以将保险术语"翻译"成客户易于理解的话。

推荐应用程序：*Anorak*

应用优选：自定义你的条款

Sherpa 是一款让客户选择适合自己的保险条款的应用程序，它基于订阅的模型提供风险全覆盖的个人保险，并邀请投保人根据需要或情况的变化，提高或降低保险要求的水平。通过 Sherpa，客户加入俱乐部并支付会费，就获得了保险。Sherpa 成为客户有效的数字保险顾问，可以评估客户的生活方式，以制定适当的保险方案。然后，Sherpa 把多个客户的保险需求打包，然后从再保险公司批发购买保险。

推荐应用程序：*Sherpa*

智能驾驶

在本书的第一部分中，我们已经谈到了汽车保险领域的最大进展——以 Cuvva 和 By Miles 为代表的即时或现收现付应用的问世。它基于数据技术的发展，使跟踪和追溯我们所做的一切变得非常容易，而我们仅需为使用的服务付费。

当然，所有保险科技公司都预见到汽车市场的重大变化是全自动、无人驾驶汽车的推出，这将彻底改变汽车行业。全新的潜在风险清单将在未来发挥作用。例如，如果发生大规模黑客事件，接下来将发生什么？（我知道这听起来有些戏剧化，但这种风险无法降低，无疑会成为保险公司关注的重点。）通常，汽车失窃或意外事故是独立事件，在不同的位置，各个事件之间没有关联。但是在完全互联互通的世界中，情况并不总是如此。另外，汽车的保有量可能会大幅下降。诸如 Uber 之类的服务可能会在你需要驾车外出时，简单地将自动驾驶汽车送到你家门前。在这种情况下，个人保险将变得完全多余。不久的将来，保险科技公司将花费大量时间思考人与机器之间的交互，而且我们需要预见数字技术下一步将会带给我们什么。

应用优选：将保费与驾驶风格联系起来

目前，远程信息技术似乎在汽车保险界引起了最多的关注。汽车保险也被称为"黑匣子"保险。在驾驶员同意的前提下，保险公司在汽车中安装传感器，用以记录其驾驶安全性、行驶轨迹、每天的驾驶时间，以及行驶的距离等信息。驾驶员签署协议后，一个"黑匣子"会被装到汽车上，这项服务也因此而得名。你每次开车的时候，"黑匣子"都会进行各种测量，并把相关数据发给保险公司。相关数据用于更精确的保险计算。

远程信息技术保单的费用最初与普通保单相同，但保险公司可以根据收集和监控的数据调整保费。这正是这项技术发挥作用的地方，因为驾驶员也可以监控数据，驾驶员一旦知道了监控器的"得分"，就可以调整驾驶风格，更安全地驾驶，从而降低保费。驾驶不平稳的人会知道，由于他们会被认为有更高的发生事故和索赔的风险，因此他们所交的保费就有可能增加。

远程信息技术保险公司，例如 Aviva Drive、Woop、Root，都声称远程信息技术有助于为安全行驶的驾驶员削减多达 25%的保费。这对于经常需要支付高额保费的年轻驾驶员尤其有用。根据研究，用这种方式投保，一个年龄在 17~24 岁的人可以节省 363.25 英镑①。Aviva Drive 的应用程序还具有行车记录仪的功能，这样驾驶员就可以记录、保存、共享录像，在投保人提出索赔的时候用得上这些数据。驾驶员只需将手机放到底座上，使手机镜头正对前方的道路就可以。

推荐应用程序：*Aviva Drive*、*Woop*、*Root*

应用优选：关注这个空间

集合资源，或者说共享经济，是另一个驾驶应用程序中的重大进展。其背后的想法是，仅当你有索赔需求时，才将钱用于保险。如果你没有索赔需求，那么就存好你的钱。这个想法背后的驱动力是消除大多数投保人之间的不平等，但他们最终要为有粗心驾驶坏习惯的人支付更高的保费。

任何开发的模型都将基于集合风险，类似于前面讨论的社交保险模型，特定人群通过社交网络选择他们想加入的保险小组。然后他们将保费在线汇集起来，而由于保险小组成员彼此相熟，因此他们可以信任他人，仅在必要时才提出索赔。

同样值得关注的是理赔流程的数字化发展。理赔流程始终充满压力且耗费时间。位于泰国的初创公司 Claim Di 开发了一款旨在简化驾驶员与保险公司之间的理赔流程的应用程序。在发生轻微事故的情况下，驾驶员只需在对方的手机旁晃动自己的手机，双方的保险公司就会通过 Claim Di 平台发布理赔报告。车辆损坏的照片可以通过同一应用程序拍摄。

但以上只是汽车保险领域的几个创新例子。期待更多的颠覆事例很快到来。我们购买汽车保险的方式将发生巨大变化。

① 2018 年 1 月到 3 月的 MoneySupermarket 报价数据。

多合一保单

当然，为了给保险行业带来真正的颠覆，保险科技公司需要彻底地站在不同角度思考这个有点停滞不前的行业。而且，实际上，它们已经这么做了。不同于简单地在旧的保险产品中添加科技元素，并将它们融入完美的应用程序，保险科技初创公司已经开始考虑保险的整体方案。例如，是否可以讨论整合所有汽车、房屋和人寿保险保单？

从客户的角度来看，多合一的保单很有意义。你只需与一家保险公司建立关系，即可一劳永逸。你一年只有一个续订日期需要注意。另外，由于你的保单全部由一家保险公司提供，它将有更多机会了解你和你的风险状况，并且能够根据你的个人需求提供最优惠的价格。

尽管在这一章里，我已经按照你可能购买的各种保险类别（寿险、住房险、车险）进行了阐述，但事实是，保险业长期以来一直在争论，仅仅关注客户，而不是他们的保险覆盖的众多时间和应用场景，这样真的对吗？鉴于物联网的新发展以及我们每个人的可用数据量，这种讨论比以往任何时候都更有意义。

显然，我知道大多数保险业巨头会针对每种可能的情况提供保险政策。当然，你可以轻松地从 Arriva 或 Admiral 购买一系列保险，满足为房屋、汽车、人寿等投保的需求。但是，尽管客户可以从同一家公司获得许多保单，用的都是同一个名义，但每份保单都是由保险公司里完全不同的部门生成的，没有任何交叉。我在这里谈论的是可以满足你的每项要求的、由一个部门提供的一份保单。

应用优选：早期采用者

最早采用这种多合一解决方案的保险科技公司之一，是德国运营商 Getsafe。它起初开发了一种数字保险钱包，你可以把你的所有保单的详细信息保存在一处。现在，它正朝着新方向发展，以一种被称为“我的一生”的方式，为会员提供所有服务。与之前所述的 Lemonade 应用程序非常相似，Getsafe 的会员为他们的全部保险服务支付固定费用，剩余的保费将提供给选定的慈善机构。Getsafe 应用程序可以帮助用户了解其承保范围，然后针对人寿和健康保险的内容为会员量身订制保险，包括获得其他类型的保险附加产品，或者通过应用程序提出索赔的能力。那些购买保险的人可以对应用程序进行自定义，可以展示他的个人风险偏好，并设置超额限额，还可以用 Getsafe 来检查保单所涵盖以及不涵盖的内容。

Getsafe 应用程序旨在使客户充分融入传统上不太激动人心的保险世界。例如，如果你买了牙科险，应用程序会提醒你定期预约检查口腔，并为会员保持健康提供激励措施。

使所有这些成为可能的是所谓的数字顾问。Getsafe 之类的应用程序背后的数字大脑将数据收集、机器学习、人工智能相结合，已成为一种庞大的风险评估工具，可以考虑我们个人承担高风险或低风险的倾向、久坐或精力充沛的生活，以及除此之外数十种其他因素。这类应用程序综合评估这些因素，就可以为我们提供独特而个性化的建议。这种高度个性化的视角对保险公司来说是富矿，对我们来说也是如此。

推荐应用程序：*Getsafe*

第八章

还清抵押贷款

有一个原因可以解释为什么购买房屋遇到的困难经常超过离婚、丧亲、失业等其他困难。跟律师打交道，等待数周甚至数月的文书，担心交易随时可能失败，不断向房地产经纪人寻求信息更新……这是个相当痛苦的过程。如今，当我们在日常生活可以得到关于其他方面的充分的信息时，信息不足放大了潜在购房者的绝望感。快递公司可以让我们查看包裹递送进度，我们甚至可以在途中重新安排派送时间或目的地。我们订购比萨，将会收到多个预计到达时间的提醒。许多零售商有实时支持服务链接到相关人员，帮助客户解决最微小、最琐碎的问题。

那么，为什么借款人不能从合作公司那里获得相同的服务呢？这可是他们一生中购买的最重要的服务之一啊！

多年来，购房市场上唯一值得注意的技术进步都围绕房地产门户网站。但是，尽管像 Zoopla 和 Rightmove 这样的搜索引擎使寻找完美房屋的过程变得容易得多，可数十年来，实际购买过程仍然基本上没有改变。除了引入最基本的数字设备，抵押贷款市场显然对互联网的繁荣没有反应。

公平地说，对抵押贷款行业而言，对于"为什么向客户提供更好的体验并不容易"这一点，有一个似是而非的论点。买房子是一个非常复杂的过程，有许多文档需要审查，许多法规需要留心，买卖房屋双方需要全面的信息。如果有压力，放贷方无疑会说，它们可能无法从出售抵押贷款中赚到足够的钱。

抵押贷款行业发展缓慢还有另一个原因。虽然几乎每个人都宣称购房体验是他们最糟糕的经历之一，但是一旦购房者拿到房门钥匙，从包装箱中找出水壶（开始布置家居）的时候，通常会很快忘记这段经历。在那之后，大多数人几乎不再跟抵押贷款公司打交道。实际上，将近一半的人每年访问他们的抵押贷款账户少于一次。[①] 如此低的参与度使抵押贷款公司几乎没有什么变革的动力。简而言之，没有人真正大声抱怨抵押贷款公司，因此它们毫无作为。

当然，这种现状不会永远持续下去，特别是在我们今天所处的高度联系的世界中。技术驱动的一代比以往任何时代的人都不能忍受乏味的服务。金融生活的其他领域都在发生变化，抵押贷款领域也不太可能被忽视太久，特别是它占用了我们收入的那么大一部分。

108

事情无疑正在发生变化。抵押贷款公司越来越多地使用技术来加快房屋销售流程，让一切变得更顺畅。尽管它们很谨慎，但

---

① Experian, "How can Technology Play a Part in Mortgages," http：//www. experian. co. uk/blogs/latest-thinking/decisions-and-credit - risk/how - can - technology - play - a - part - in - digital - mortgages/，最近访问日期为 2017 年 9 月 21 日。

据预测，这一市场正在模仿其他金融部门走过的路，事情将会逐步向前推进。预计金融科技的发展将对很大范围内的购房市场产生巨大影响。这对每个人来说都是个好消息，因为数字技术具有很多优点，它透明、安全、可靠、简单，可以根据个人需求量身订制。

归根结底，抵押贷款仅仅是达到目的的一种手段，是帮助我们购买所需房屋的方式。任何可以减少这一过程的阻碍和烦琐流程并带来最佳可行选择的事情，都必定是好事。

数字经纪人

当潜在的购房者密切关注抵押贷款市场时，很快就会发现这里似乎有无数种产品。但是，至关重要的是，不要拖延，得赶紧抓住一个。完成正确的抵押贷款交易，可以节省房主每月支出的很大一部分，尤其是在整个 25 年的抵押期内，节省下来的钱加在一起可能都够交一年房租的了。

在寻找最佳抵押贷款交易时，最佳建议始终是广撒网。可选择的抵押贷款有很多变量，最重要的参考值是贷款利率。这在很大程度上取决于购房者能够支付的定金，以及他们想要购买的房产的价值。

传统上，与经纪人交谈是最容易获得建议的方式，他们可以针对你的特殊情况，给你解释和推荐适合你的最佳抵押贷款。你可以通过 IFA 或由房产中介推荐，在繁华商业街上找到经纪人。他们搜寻市场上最佳的抵押贷款交易，让购房者可以从众多贷款方那里获得一系列选择权。他们还可以就"帮助购买"（Help to Buy）抵押贷款和共享所有权等其他计划提供建议。

我们可以假设经纪人搜索了市场上所有可用的产品。然而，事情并非总是如此。一些经纪人提供的服务有限。他们可能与特定的贷款方绑定在一起，或者只能与少数贷款方合作。当然，这意味着他们只能提供有限的交易选择。或者，也许他们向你保证他们向购房者提供可用的"所有"产品，却在声明的最后部分隐藏了一些不易察觉隐患。经纪人很可能会排除贷款方的直供交易（仅直接向公众提供），主要是因为他们不会从中获得任何佣金。即使他们的确查看贷款方的直供交易，也很可能为此服务收取费用。

确实，经纪人如何为他们的服务计费是另一个令人困惑的问题。一些经纪人直接收取费用，可能是从贷款的佣金中收取。他们可能会收取一定费用，然后在抵押贷款完成时退还已支付的佣金。他们甚至可以让购房者选择支付费用还是佣金，这意味着他们可以称自己为"独立投资者"。只要经纪人事先说明，在购房过程的任何环节，他都可以收取费用。在某些情况下，经纪人可以在交易完成前收取费用，即使购房失败，购房者仍然要履约。

从表面上看，找到适合你的经纪人，似乎和找到合适的抵押贷款交易同样困难！抵押贷款市场引入了数字经纪人。这种新型经纪人使用尖端技术搜索成千上万个抵押贷款交易，从经纪人交易和直供交易中找出推荐结果，最重要的标准就是为你找到合适的交易。

110

数字经纪人的另一个优势是它加快了流程，不仅减轻了购房者的压力，而且在无法预测和竞争激烈的房屋市场中也很有用。如果一个潜在购房者找到了梦想中的房子，迫切地提出要约，想抢在其他人之前将其收为己有，那么在抵押贷款公司确信所涉财产值得放贷之前，购房人就会经历一个痛苦的延宕期。毕竟，财产是贷款方对贷款的担保。如果房主随后无法支付抵押贷款，贷款方可以收回房屋并出售，以回收资金。在这种情况下，数字经纪人确实可以发挥作用，因为它可以使流程更快、更顺畅。

数字经纪人效率的提高在很大程度上要归功于自动估值（AVM）的使用，贷款方可以据此立即做出决定。这是根据某区域可比房产进行估算的结果。多达 3/4 的再抵押贷款和多达 1/5 的家庭购房是通过这种方式估价的。据分析，这个比例有继续增大的趋势。还有一种方法是"驱动"估值，即有资质的测量师从可用的数字信息中审查房产，这种方法被越来越多地采用。

由于一切都是高度自动化的，因此大部分审批过程可以在几分钟之内完成，而不是以前的几天甚至几周。

如果作为潜在购房者，你还没有找到理想的住所，并且想看看你要花多少钱，那么数字化流程会发挥重要作用。你可以进入这个流程，并且提前获得自动批准。这种预先批准使购房者对他们的支出金额心中有数，并且向房地产经纪人展示一些实在的信息。预先批准也非常可靠，因为它基于对个人财务状况进行详尽且完全准确的数字搜索。

一旦你找到一种合适的抵押贷款方式并选用了它，这个过程的改进当然不会停止。数字经纪人借助技术手段，旨在与你建立持续的联系，因此，它们要竭尽全力让你们的关系融洽。这些数字经纪人不会像传统抵押公司那样，在固定利率到期前的几个月或几周之前一直无视你，而是会不断检查你的抵押贷款，以确保你使用的是正确的产品。如果有更好、更合适的评分方式，它们会与你联系并提出建议。它们已经掌握了所需的所有信息，包括你的财务状况、可能的退出罚款，以及最佳的当前利率。

数字经纪人业务主要在虚拟世界中进行。但是，潜在购房者也可以跟真实的经纪人交谈。这并不是强制性的。所有这些加起来就是一种快速、便捷的服务。当你第一次考虑买房时，数字经纪人可以让你的压力大为减少，因为它比较便捷。

应用优选：已有的数字经纪人

要了解已经有多少消费者接受了数字经纪人的服务，这里有一个有趣的事实：在美国，Quicken Loans 及其抵押贷款应用程序 Rocket 已超越了长期以来当地最大的抵押贷款发起人 Wells Fargo。[①] Rocket 于 2016 年推出，是首批让客户能够在线完成整个贷款流程的抵押贷款产品之一，整个流程在几分钟内就能完成。

Rocket 旨在使获得抵押贷款的过程尽可能直观和轻松。好吧，在承诺一笔六位数的贷款时尽可能地轻松吧。潜在购房者首先输入基本信息，然后选择"降低你的每月付款"之类的目标。潜在购房者输入房产地址的详细信息后，Rocket 将使用公开可用的数据来预填大部分表单。借款人的资产、信用记录、收入、就业信息都可以从 98% 的美国金融机构直接在线查到。

如果流程不清楚，申请人可以单击问号图标来回答特定问题，也可以进入"与我们交谈"版块，与一个真实的经纪人对话。购房者只需几分钟即可看到"查看解决方案"页面，Rocket会显示所提供贷款的选择。申请人可以通过下拉菜单自定义贷款

112

---

① Forbes, "Quicken Loans Overtakes Wells Fargo as America's Largest Mortgage Lender," http: www. forbes. com/sites/samanthasharf/2018/02/05/quicken – loans – overtakes – wells – fargo – as – americas – largest – mortgage – lender/# 17af160b264f, 最近访问日期为 2018 年 2 月 5 日。

选项，例如更改期限，或将固定利率与可变利率进行比较。获得满意的结果之后，可以点击"看看我是否被批准"。这是 Rocket 验证所有信息，并将申请提交到自动认购系统的阶段。

尽管 Rocket 强调，最重要的部分是买家按照自己的步调前进，但贷款申请可以在大约半小时内完成。一旦进入认购阶段，申请人就会进入一个 Facebook 风格的页面，所有信息都清楚地显示在待办事项列表中。这就是贷款进度被从头到尾监控的方式。

在英国，Atom 是一个抵押贷款应用程序，旨在以最少的人工干预将尽可能多的流程数字化。在本书撰写时，这个数字经纪人可以在 3 个小时内提供报价，9 个工作日内完成贷款申请。

推荐应用：*Rocket*、*Atom*

应用优选：快速的申请和批准

英国公司的 Habito、Trussle、Mojo、MortgageGym 都是数字经纪人应用程序。作为客户，你无须为此类数字服务支付任何费用。当借款人完成房屋贷款时，这些应用程序会从贷款方收取费用。贷款流程从在线调查表开始，涉及你的收入、财务状况、财产类型、可用存款规模等基本信息，所有这些都用于填写个人资料。问卷调查不超过 15 分钟，获取详细信息后，数字经纪人将接管、汇总、验证、分析信息，以提供量身订制的抵押贷款建议。

显然，贷款方需要充分了解你的财务状况。因此，当你注册了一个数字经纪人应用程序后，它会连接到你通常使用的金融机构和银行（当然需要你的许可）。例如，Habito 是史达琳银行的一部分，而 Rocket、Roostify、Better Mortgage 等美国竞争对手则直接从申请人的银行检索申请人的财务信息。这是开放银行带来的连接性增强的又一个例子，开放银行在简化流程中起着至关重要的作用。这意味着抵押贷款申请人不仅只需花更少的时间来研究成堆的令人困惑的文书工作，而且还不需要多次发送银行对账单和身份证明。客户记录中包含的数据也使验证资产和负债的过程变得更加容易。简化流程还意味着降低处理成本、提高准确性，并减少发生任何可能导致事态恶化的问题。一切都在线的妙处在于，整个流程可以分解为容易理解的部分，使一切变得简单明了，因此购房者的压力大大减轻。

推荐应用：*Habito*、*Trussle*、*Mojo*、*MortgageGym*、*Roostify*、*Better Mortgage*

破解产权转让

达成抵押贷款协议可能是令人头大的经历，但通常让进度中断的是产权转让。产权转让是双方达成协议，将财产从一方转移到另一方的法律程序。它涉及一系列非常复杂的步骤，由专门的财产律师牵头，他们会处理所有的法律文书工作，负责土地注册和地方议会搜查，起草合同并处理货币兑换。在此过程中，律师会竭尽全力找出你需要注意的问题，例如建筑控制问题、附近的道路规划问题，甚至周围被污染土地的潜在环境问题。他们还需要仔细检查财产链，进行欺诈和反洗钱调查。由于律师可能要处理数百页的文档，因此这是一个漫长的过程，并且长长的待办事项清单可能会拖慢进度，使工作停滞不前。这项庞大的任务意味着它的成本可能很高，成本约为四位数（英镑）。

如果你的目标是获得真正的数字抵押贷款，那么整个交易将

114

以电子方式产生、转移、存储，你无须使用一张纸，也无须手动签署贷款文件或协议文件。实际上，我们还没有完全实现真正的数字抵押贷款交易，但是有明确的迹象表明我们即将实现真正的数字抵押贷款。当然，这一过程中的许多最重要的元素要么有金融科技公司在筹划，要么正在开发中。

有趣的是，数字抵押贷款业务的一些进展是由政府主导的。一个愤世嫉俗者可能会说，政府从来没有以技术领先而闻名，但是政府似乎渴望在技术上与时俱进。在英国，记录了英格兰和威尔士所有土地和房产所有权及抵押权的 HM 土地登记处已经修改了规定，为带有电子签名的全数字化转让文档铺平了道路。自2018 年 4 月 6 日以来，无须纸质契约就可以买卖房屋。其目的是缩短流程的最后阶段的时间，在无须新房主手动签署抵押契据的情况下，房地产销售过程就可以完成。

在不久的将来，整个流程还不能完全实现数字化的情况下，迫切需要技术干预的是确保每个人都始终清楚流程的每个环节。在这里，我会仔细选择我的用词，但有些律师的确会按照自己的节奏工作。当然，应提高有关可用（或不可用）信息的透明度，这样急切的购房者就能确切地知道每一步的进度。更高的透明度至少可以部分缓解长期以来人们对搬迁日期或最后一刻的变更缺乏确定性的压力。

应用优选：数字案例跟踪

尽管数字案例跟踪在网上变得越来越普遍，但数字案例并不总是像某些人所希望的那样详尽。潜在购房者仍然经常感到沮丧，既不知道是否已经达到特定的业务节点，又担心他们的法律代表不断收到电话骚扰。幸运的是，有些应用程序使流程更加透明。使用英国应用程序 When you move，买卖双方可以实时跟踪房地产交易的各个阶段，直至完成。参与此过程的其他人，包括房地产经纪人、抵押贷款经纪人、律师，也可以使用这款移动应用程序来获取实时更新信息。他们可以将文档、信件、搜索内容上传到应用程序里，并可以根据需要查询这些信息。产权转让律师最好至少每 72 小时发布一次最新信息，哪怕只发一句"仍在等待房地产经纪人发送销售备忘录"。

另外，My Home Move 提供了 eWay，这是另一款英国应用程序，也已与 Habito 合作。eWay 是一个在线案例管理工具，可以让购房者通过手机或平板电脑全天候管理流程。这款应用程序的使用者同样可以上传文档，并定期发送提醒信息。My Home Move 还与一批经验丰富的产权转让律师合作，将所有服务集成在一起。

116

美国数字经纪人应用程序也取得了类似的进展，Rocket 与 Pavaso 合作，已经完成了数字化流程的闭环，购房者在线就可以完成整个贷款流程。

从准买家考虑搬家或发现他们梦想中的家，直到他们拿到房门钥匙的那一天，端到端、以数字方式完成这一过程是许多数字贷款提供商的目标。预计将会有更多的金融科技公司在这条道路上前进。

推荐应用：*When you move*、*eWay*、*Pavaso*

售前和售后服务

获得抵押贷款的难度和复杂性意味着大多数人会重视与其他人的互动。本章提到的所有应用程序都为大多数人提供了很多与真实的经纪人互动的机会，以解决紧迫的问题。假以时日，对人类互动的重视程度几乎肯定会发生改变。目前，3/5 的客户希望与真实的经纪人谈谈抵押贷款（以及数字应用），而 2/5 的客户已经注意到，向机器人咨询更快、更方便。[①]

人们开始习惯与数字经济人沟通，并看到朋友和家人也从它们的帮助中受益，我预计抵押贷款市场的范围将超越简单的抵押贷款交易。实际上，关于购房的所有事情都值得关注。数字经纪人将不仅能计算购房负担能力，而且将不可避免地开始提供关于房屋作为一项投资的自动化建议，讨论房屋在消费者更广泛的财务状况中所处的位置。毕竟，房屋是一项重要资产。在销售进程当中或之后，数字经济人很可能会继续建议，甚至预先审批互补的金融服务产品，例如人寿保险。当你的贷款流程快要结束时，你的数字经纪人可能为你提示新房子附近的 ATM 机，或者为你可能想要的房屋装修推荐有价格竞争力的贷款。它可能会降低当前的最佳信用卡利率，从而为你搬家时可能需要的所有小额交易提供资金。你将与数字经纪人建立关系，它将为你提供想了解的信息。

---

① Accenture, "2016 North America Consumer Digital Banking Survey," http：www.accenture. com/t20160609T222453＿ w/us－en/＿ acnmedia/PDF-22/Accenture-2016-North-America-Consumer-Digital-Banking-Survey. pdf，最近访问日期为 2016 年 6 月 9 日。

第九章

慷慨解囊

　　人们轻易将处于数字时代的年轻人视为热衷于自拍的自恋者，但事实并非如此。技术并没有使我们更自私。在数字时代，你可以说我们更快地了解信息，也可以说我们更多地互相联系，但不能说我们更自私。

　　首先，社交媒体使我们更加倾向于分享。大多数人会在网上分享一些东西，无论是他们的情感状态、鼓舞人心的视频，还是关于他们的业务或个人生活中某件事的重大消息。我们在社交媒体分享的内容都与我们是谁直接相关。

　　这种不断增长的自我意识的一大受益者是慈善事业。当人们热情地关心某事时，他们经常恨不得想在屋顶上喊出来，或者至少要让其他人接受他们的观点。慈善机构已用数字方式筹集了数以百万计的善款。你可能还记得诸如 2014 年夏季在社交媒体上病毒式传播的"冰桶挑战"事件。这一慈善计划得到了肌肉萎缩性侧索硬化症（ALS）协会的支持，共募集了1. 15 亿美元善款。甚至连包括美国前总统乔治·布什（George Bush）在内的一众名人都接受了挑战，还有马克·扎克伯格

（Mark Zuckerberg）、比尔·盖茨（Bill Gates）、奥普拉·温弗瑞（Oprah Winfrey）、贾斯汀·比伯（Justin Bieber）、赛琳娜·戈麦斯（Selena Gomez）等。同年，"不化妆自拍"运动风行一时，帮助人们提高对癌症的认识。除了普通民众"敢于裸妆"并筹集到数百万美元善款之外，金·卡戴珊（Kim Kardashian）和 J. Lo 等名人也加入其中。与此同时，"大胡子月"（Movember）① 活动于 21 世纪初开始在澳大利亚兴起，如今已发展成为一项由 Movember 基金会发起的全球性活动，为男性健康慈善事业筹集资金。

尽管这些流行的病毒式传播事件像野火一样蔓延，但并不意味着我们对所支持的慈善事业并不挑剔。事实并非如此。借助互联网，我们通常可以更好地获取信息。我们现在对每个人和每一件事都了解得更多，我们已经习惯于更仔细地观察事物，并了解它们的真实含义。大型组织或机构仅仅因为它们在该行业中规模最大就可以筹集善款的日子已经一去不复返了。我们往往更加挑剔，想更多地了解他们捐款的理由。我们希望了解他们的捐款花到了何处，并从中可以受到激励。我们希望看到、听到某种说法，以确保善款流向都是真实的。这样一来，与事业或支持事业的人建立个人联系就至关重要。

这一理念还扩展到我们支持的品牌。如果一家大企业想宣称对某种社会价值的承诺，那么它最好全力实践。真诚至关重要。如果它们能证明自己是真诚的，那么回报是不言而喻的。

---

① Movember 是一个合成词，由表示"男性上唇留的小胡子"的"Mo"和表示"11 月份"的"November"结合而成。该活动每年 11 月举办，参加活动的男士于当月留起胡子，以此引起人们对男性健康问题的关注。——译者注

实际上，有90％的全球消费者表示，如果相关商品的价格和质量相差不大，他们就会将购买目标变为与良好事业相关的品牌。[①]

　　有趣的是，我们看到许多颠覆性的新品牌处在一个人们更信任、更关怀的社会。以爱彼迎为例。预订住宿的市场是建立在人们之间的信任之上的，有了信任感，我们可以让他人住到我们家里。这种信任感很重要，不是吗？新的开放银行业务带来了非常有用的新型金融应用程序，而这些应用程序依赖客户乐意与选定的合作伙伴共享自己的数据。在有关保险的那一章中，我说明了许多新的保险科技公司基于社区精神和群体之间的信任，而建立了它们的商业模式。这种信任对慈善机构来说是个好消息。

　　但是，尽管我们都在变得越来越有共享精神和关怀精神，但是钱不会因此毫不费力地流入公益事业。非营利组织需要适应"时代精神"，但也需要在数字世界中让人易于奉献。速度和便利性是关键。只要有一种快速而直接的方式，任何愿意捐赠的人都更有可能捐款。这就是慈善机构专注于让捐赠变得像（在手机上）点击两下预约出租车一样简单。数字技术及创新的付款方式使我们更容易与自己相信的事业联系起来，并支付一次性或定期的捐款。

　　慈善捐赠的数字化颠覆还处于初级阶段。根据布莱克波特（Blackbaud）2017年的慈善捐款报告，在线捐款仅占慈善捐款的7.6％。但是，这一数字正在快速增长，比上一年增长了12％。

---

① Cone Communications, "Ebiquity Study：Global CSR," http：//www. conecomm. com/research－blog/2015－cone－communications－ebiquity－global－csr－study，最近访问日期为2015年5月27日。

最重要的增长领域之一是通过智能手机完成的捐款，如今已占在线捐款的 21%。由于携带现金的人越来越少，因此预计这些比例还将增加。确实，我们已经看到许多慈善机构为它们的街头志愿者提供了非接触式读卡器等终端。早先的结果显示，支持者使用非接触式支付方式，捐款数额是原来的 3 倍。

121

在下文，我提出了慈善机构让我们捐款更容易的其他一些创新方式。

数字小额捐款：每一分钱都很重要

处理支票和信用卡付款的成本一直使接受小额捐款的慈善机构难以承受。数字化的便利之一就是，它立即使组织能接收任何规模的捐款。捐助者也感到满意的是，他们慷慨捐赠的钱的确用在了慈善项目上，而不是被过多的银行手续费所吞没。

小款捐款背后的理念是，产生影响与金钱多少无关。如果我们每个人都为一个公益事业捐出 1 英镑或 1 美元，并鼓励我们的朋友也这样做，那么很快捐款就会积少成多。

英国的 Pennies 是最早看到小额捐款潜力的金融科技公司之一。它自称为"数字慈善箱"，与零售商合作，以使小额捐款得以实现。它与你在柜台上看到的传统慈善箱非常相似，是你的零钱的好去处。但它是通过在账单中添加少量费用来实现的。这个过程中不存在数据易手。结账时，人们只需在付款设备上选择"是"或者"否"，将自愿捐款设置为 1～99 便士的数字即可。达美乐比萨店（Domino Pizza）是这种应用程序的早期使用者，2010 年 11 月就在它的在线订单中添加了捐款按钮。如今，已有50 多个不同的品牌拥有该服务，包括 Evans Cycles、The

Entertainer、Screwfix。

数字小额捐款的下一个逻辑步骤是我们应充分利用技术。现在，越来越多的应用程序可以让我们按自己的喜好和时间捐款。　122

应用优选：定期捐赠

Spotfund 是一款美国应用程序，它鼓励捐款者通过社交媒体分享其针对各种事由的筹款努力。用户只需将一个标记物放到故事中即可捐 1 美元、2 美元或 3 美元，然后通过该应用程序分享自己的捐款过程，希望这种事能够疯狂传播。它甚至将整个捐款过程进行了游戏化，创建了一个"影响力分数"，显示你筹集到的金额，还有朋友的助力。你也可以建立一个自己的筹款事由，用于对你来说重要的事情。另一个类似的应用程序是 Google One Today，它让用户能够每天捐 1 美元，并保证捐款流向慈善机构。它还提供年终收据，详细列出了你的所有慈善交易。ShareTheMeal 为世界粮食计划署筹集小额捐款。

推荐应用程序：*Spotfund*、*Google One Today*、*ShareTheMeal*

应用优选：数字"闲置零钱"

另一种小额捐款方法是收集我们的数字"闲置零钱"用于慈善事业。Coin Up 是 Apple 应用商店核准的最早一批移动捐款应用程序之一。当你通过信用卡或借记卡购物时，金额会四舍五入，应用程序的用户可以把零钱投入他们选择的（慈善）机构。你所需要做的就是注册该应用程序，创建一个账户，并完成一个三步流程，包括注册、输入你的付款详细信息，并把钱捐给特定的慈善机构。各种非接触式支付配件（如钥匙环和手镯）的实验也在进行中，帮助简化捐款者在每次购物时为慈善机构捐献零钱的流程。这背后的想法是，捐款者购买非接触式支付配件，并与他的信用卡绑定。每次使用该配件付款时，不管用户购买咖啡还是铁路卡，都会触发捐款。用户能够管理捐款流程并设置捐款总限额及单笔上限，以确保每月捐款不超过一定数量。其他与闲置零钱相关的应用程序包括 GiveTide、ChangeUp、RoundUp。

推荐应用程序：*Coin Up*、*GiveTide*、*ChangeUp*、*RoundUp*

应用优选：冲动捐款

金融科技慈善行业的业务也变得越来越创新。Snapdonate 是一款可让你一时冲动捐少量（或大量）资金的应用程序。想象一下你正上火车，发现了一则广告，例如"麦克米伦癌症支持会"（Macmillan Cancer Support）。只需将手机对着慈善机构徽标，用 Snapdonate 应用拍张照片，选择你想捐的金额，就可以完成捐款。你随时随地都可以操作该应用程序。没有需要记录的短信号码，也不需要扫描二维码。无论你是在外步行、在火车上，还是在家中阅读杂志，你都可以在任何地方使用它。Snapdonate 会自动识别数十个慈善机构徽标，通过它你还可以向 JustGiving 上注册的 13000 多家慈善组织中的任何一家捐款。该应用程序不会对每笔捐款扣除任何费用，但 JustGiving 会收取通常 5% 的手续费。

推荐应用程序：*Snapdonate*

应用优选：无现金捐赠

小额捐款应用程序的另一面是不花一分钱，你却可以影响慈善捐赠方向。Donate a Photo 和 Charity Miles 是美国的两个应用程序。Donate a Photo 可以把你拍摄的所有照片变现，用于慈善事业。人们每通过 Donate a Photo 分享一张照片，就会有 1 美元的善款捐给慈善机构。这些图片将成为 Donate a Photo 照片库的一部分，但除了用于推广该应用程序外，不得用于商业目的。而对于 Charity Miles，你所要做的就是下载该应用程序。只要你在社交媒体上分享与锻炼有关的消息，就会有钱捐给你选择的慈善机构。你可能在想，世上没有无中生有的东西。没错，这些捐款来自赞助商。Donate a Photo 是强生公司（Johnson & Johnson）赞助的，而 Charity Miles 则由包括强生公司、Del Monte Fresh、Brooks Running 在内的赞助商联合赞助。企业通常将其收入的一部分用于慈善事业，但是它们选择通过应用程序捐款，而不是直接捐款。使用这些应用程序时，你的行为会影响钱花在何处。

推荐应用程序：*Donate a Photo*、*Charity Miles*

不只是捐款

捐款只是帮助有价值事业的一种方式。如果你热衷于做有价值的事情，有很多种方法可以参与其中，而且，数字技术再次为我们提供了帮助他人的全新视角。

应用优选：给不需要的商品一个新的用途

Gone for Good 是一款帮我们清理房屋，并把不需要的东西捐给慈善机构的应用程序。它旨在终结将装满衣服和书籍的行李袋带到你最近的慈善商店的日子。这个应用程序革新了捐赠的过程。它与英国心脏基金会（The British Heart Foundation）、英国癌症研究中心（Cancer Research UK）、心灵基金会（Mind）、乐施会（Oxfam）、住房基金会（Shelter）、救世军（Salvation Army）等机构合作，你只需要将不需要的物品的照片上传到应用

125　程序即可。然后，该应用程序会与需要这些物品的各种慈善机构联系。

　　这种方式非常适合处理较大的物品，例如沙发，否则你可能要花钱才能把这类物品清走。它还可以减少进入垃圾填埋场的衣物数量。该应用程序的运营者说，如果只把6%的本来会被丢弃的商品转到慈善机构，那么慈善收入将会翻一番。用户还可以选择"礼品援助"，这样慈善机构就可以没有额外成本地获得更多现金。

推荐应用程序：Gone for Good

应用优选：志愿服务

　　如果你希望做的不仅仅是捐款，而且想参与慈善工作，那么志愿服务是一个不错的选择。这是一件非常有意义的事情。美国志愿服务应用程序 GiveGab 的创始人在了解了一项研究后，萌生了创建这个应用程序的想法。该研究发现，如果我们每月进行一次志愿服务，我们的幸福感大于收入增加带来的幸福感。你所要做的是，在这个应用程序中建立个人资料，然后在慈善机构中寻找感兴趣的项目。GiveGab 应用程序允许你在线注册，或者提供组织的联系方式。你可以在志愿服务期间记录自己的时间，甚至可以分享照片并进行反馈，它们将出现在该应用程序的社交信息流 "The Gab" 上。

　　在英国，也有一些类似的行动。Team London 鼓励人们报名参加一系列社区活动，包括清理活动、志愿服务等。还有诸如 Be My Eyes 之类的专业应用程序，可以将盲人用户与视力健全的志愿者联系起来，通过视频链接提供所需的协助。GoodSam 使人们可以直接呼叫受过训练的志愿急救人员参加医疗紧急救助。如果你从事志愿服务，享受这种体验，并且感觉自己做得值，那么 Ripil 应用程序可让你记录你的故事，并鼓励其他人也这样做。

推荐应用程序：*GiveGab*、*Team London*、*Be My Eyes*、*GoodSam*、*Ripil*　126

第十章

轻松管理账单

几个世纪以来，付钱买东西背后的基本理念一直没有改变，这个非常简单的理念围绕着将约定数额的钱从一方转移到另一方的能力。但是，如今我们的支付方式正在快速变化，变得更加简单直接。实际上，21世纪最初10年支付格局发生的变化，超过了过去25年变化的总和。自1994年进行第一次加密在线付款以来，我们已经走了很长一段路。此后，我们看到了在线购物的发展、电子支付的兴起、非接触式和文本式支付以及移动钱包业务的增长。现在，市面上有350多种不同的付款方式，并且在未来还会有更多付款方式，而且付款方式的变化更快。

数字账单管理

偶尔忘记支付一次账单似乎微不足道。但是经常这样做会严重影响你的信用评分。一旦信用评分出现问题，要恢复以前的信用水平你就需要做大量工作（有关这方面的建议，请参阅第四章）。当然，可以在日历上设置账单还款提醒，然后在适当的时候付款。但是在现实中，账单还款提醒并不总能让你当天还款。而且，当你必须找出账单，并记录一笔支出时，这样做的动力甚至会进一步减弱。

账单支付应用程序是一个整理账单的便捷工具，可以汇总并支付供应商的账单，确保账单始终能正确、及时地支付。该服务通常是免费的，尽管有时取决于你使用银行借记卡进行付款。

当前可用的许多账单支付应用程序有不同的附加功能。

应用优选：简单的提醒

BillTracker 提供一种基于日历的提醒服务，用于提醒用户何时支付水费、车费、电话费。此外，它还有一个快速查看功能，可显示所有即将到期的账单明细以及应付金额，这样用户就可以随时关注接下来应该做什么。

推荐应用程序：*BillTracker*

应用优选：主动管理账单

Bean 连接到你的银行账户和信用卡，跟踪你的所有常规账单，以及 Netflix、Spotify、Apple Music 等服务的订阅费。付款信息已细分并清楚地显示在 Bean 的首页上，这样你就可以查看发生的账单详情和付款时间。该应用程序的有趣之处在于，除了可以快速显示你可能忘记取消的所有不需要的订阅号之外，如果你愿意，Bean 还可以进一步为你取消无用的订阅号。传统上，你需要亲自联系已注册的每个机构，这就是我们经常懒得采取行动的原因。该应用程序估计，我们每年在无用的订阅号上浪费多达 223 英镑，因此这款应用程序可以为我们节省很多钱。该应用程序还突出显示你可以享用的优惠服务，或者你可能错过的信用卡的优惠。Bean 这

130

项服务估计每年为一个家庭节省 672 英镑。用户注册 Bean 之后可以获得潜在节省方式的智能通知，以及有关财务管理的提示。

美国账单管理应用程序 Hiatus 与 Bean 具有许多相似的元素，Hiatus 专注于我们注册的所有免费试用服务，并跟踪订阅号。你把订阅号，包括你已注册的免费试用版服务添加进应用程序，它会在服务即将自动扣费前提醒你。如果你注册了不再想要的应用程序，或者意识到自己已经"意外"付款了，它会帮助你直接删除不需要的服务。它还监控抵押贷款、保险等支出的费率，确保用户的交易保持最佳状态。

推荐应用程序：*Bean*、*Hiatus*

应用优选：账单管理的其他方面

个人理财应用程序 Mint 和 Onedox 均具有账单跟踪和支付功能，并且提供更广泛的预算和信用检查服务。像大多数账单管理服务一样，它可以将所有账单整合到一起，从而简化整个过程，然后在账单到期时进行查看、管理和付款。这只是与 Mint 应用程序上的财务有关的众多功能之一，此外，Mint 可以查看你的支出与其他财务义务和目标之间的关系。

Prism 遵循类似的模式，去掉了支出分析，但你可以直接通过免费应用程序而不是通过第三方软件来支付账单。你只需连接用来支付账单的付款账户就行了。当有新账单时，Prism 会向你的手机发送通知，告知你需要安排付款。应用程序用户可以选择立即付款，也可以安排在未来的某个时间付款。由于不涉及第三方付款，因此任何被忽略的账单都可以立即支付。

与许多账单管理应用程序一样，Prism 包含一项功能，可在现有账单与以前的账单不同时通知用户。这是一个非常有用的功能，会提示你仔细检查账单，并在必要时进行纠正。

推荐应用程序：*Mint*、*Onedox*、*Prism*

应用优选：准确记录

如果你曾经为翻找公共服务旧账单而抓狂，你会欣赏 Doxo 这款应用程序。它既像一个数字文件柜，也像一个账单支付中心。总部位于美国的 Doxo 自动收集来自多家服务提供商的电子对账单，从公共服务公司到银行，并将它们全部保存在一个中央账户中。你也可以上传其他家庭和日常开支文件，并将其保存在你的 Doxo 在线文件柜中。

推荐应用程序：*Doxo*

能源与公共服务

能源公司和银行有相似之处。它们都是建立在复杂流程之上的集中式的、被高度监管的机构。有趣的是，与银行业一样，能源行业目前正处于颠覆性的重组中。

132

人们普遍认为，应该引进技术，以彻底改变能源和公用服务付费的思路。到目前为止，最有趣的想法之一就是彻底改变传统模式。作为消费者，你可以向少数公共服务巨头支付现金、直接记账，甚至支付比特币。如果你根本不付钱给它们呢？例如，如果你可以在朋友和邻居之间买卖能源呢？你可以成为自己的能源供应者。

点对点能源交易完全淘汰了中间商，这只是目前正在探索的众多商业模式之一。权力（power）① 正被交到能源消费者手

---

① power 是双关语，既是指"权力"，也是指"电力"。——译者注

中，他们也正在成为能源供应者。这种人有个流行的新名称是产消者（prosumer）①。产消者不局限于从某个充当中间人的大型供应商那里购买能源和公共服务，而是可以简单地彼此进行电力交易，并从一个完全自动化的系统中实时获得收益。他们所需要的只是屋顶上的一块太阳能电池板，以及买卖能源的适当技术。

应用优选：能源切换

如果你还没有做好成为能源供应者的准备，那么至少应该确保你能进行满足你所有能源需求的最佳交易。我们都有责任检查账单，并确保支付能力。如果忘了检查，你每年就可能花费数百英镑。方便的是，有很多能源切换公司，它们消除了检查供应商的所有麻烦，还可以帮你在必要时使用新的供应商。自动切换能源的应用程序有 lookaftermybills、Labrador、Switchcraft，它们的工作原理跟比价网站类似，但是它们不仅列出最佳交易，而且监视市场，如果有更好的价格，它们会自动将你转移到更有利的交易中，并且处理整个切换的过程。这些服务都是免费的，应用程序的收入来源是能源供应商的佣金。客户可以设定喜好，例如他们喜欢可再生能源供应商。

推荐应用程序：lookaftermybills、Labrador、Switchcraft

应用优选：共享太阳能

总部位于美国的 LO3 Energy 开发了一种系统，可以让在屋

---

① prosumer 是 producer（生产者）和 consumer（消费者）的合成词，指那些参与生产活动的消费者，他们既是生产者又是消费者。——译者注

顶或地面上安装了太阳能电池板的人们，通过所谓的智能电网向附近的人出售多余的能源。首先，用户安装智能电表来跟踪并对比太阳能电池板产生的能量与家庭能源消耗量。电子分类账是交易的基础，上面仔细记录并管理超额能源，并将其出售给用户附近的邻居。除了高效之外，它还具有绿色环保的优点，即与远距离传输能量相比，以这种方式分配能源更有效、更环保。到目前为止，该系统已经在纽约布鲁克林成功运行，现在正在其他地方推广。德国有两个类似的项目，数百万家庭从安装在屋顶上的太阳能电池板中受益。但是，在这个例子里，消费者要以主要的公共服务公司设定的价格，将多余的电力卖给电网。

推荐应用：*LO3 Energy*

应用优选：能源交易

在英国，Electron 正在开发一种被称为"能源易趣"的项目，公共服务公司可以在这个平台上共同努力，以平衡能源供给与需求。如果消费者能够调节他的能源消耗量，在可再生能源供应良好的时段内多消耗能源，而在可再生能源供应相对较少的时段内少消耗能源，那么他就会得到补偿。也就是说，消费者可以在"非高峰期"使用洗衣机和洗碗机之类的电器，以获得较低的电价。这一过程依赖区块链技术，该技术使各方能直接进行交易，并将整个交易过程与智能家居技术相连。在撰写本文时，该项目尚未启动，但它确实得到了一些能源巨头的支持，例如西门子和国家电网。

应用优选：电动车车主

在德国，Share&Charge 是一款可将电动汽车与住家和商业的

134

可用充电站连接起来的应用程序。电动汽车的驾驶员大可放心，因为他们知道在路上很容易就能找到充电站。车主还可以在充电站注册，并确定自己的服务费率。

底层技术协调了充电站网络，使用底层技术的系统在交互式地图上向驾驶员显示附近的充电站，并且展示它们的使用方法。

推荐应用：*Share&Charge*

第十一章

以低压力的方式为退休储蓄

改变我们与现金关系的各种数字创新技术正以惊人的速度出现在人们面前，而养老金行业是迄今为止在金钱革命中滞后的行业之一。的确，即便在今天，大多数养老金储蓄者仍然在努力通过各种文件中的纸质信息来管理账户。由于一些文件可以追溯到好几年前，即使对于最有组织的家庭来说，这也不是一件容易的事。

养老金供应现代化缺乏紧迫性的背后原因有很多。首先，这一领域变革的需求并不是很高，不像预算编制和银行业务等其他金融产品变革的需求那么迫切。对于许多人来说，尤其是对数字化程度更高的年轻一代来说，养老金的需求似乎不高。还有一些遗留问题导致了养老金行业变革明显滞后。前几代人中的大多数人可以依靠最终薪金计划来预先确定结果。他们甚至不到退休前的最后几个月，都不需要准备参加养老金计划。每个人都对自己预期的支领时间和金额充满信心。即使到了今天，大多数最终薪金计划早已像恐龙一样消失了，但是这种"一切都安排好了"的观点并没有真正消失。通常，人们到了50岁或年纪更大一些，退休这个词才引起人们关注。人们不急于改变现状。

众所周知，养老金问题一直是一个很难解决的问题。事实上，预估养老金方案，以及确认如何执行它，可能是一个漫长、缓慢而艰苦的过程。在英国，自 2015 年 4 月以来，养老金的相关法律已经有所放宽，目的是使这一过程变得更容易，并让 55 岁以上的老人得以完全随心所欲地使用他们的退休储蓄。此前，退休人员发现自己被纳入养老金计划，这意味着他们要邀请保险公司提供建议、比较方案、评估各种变量的影响等。如今，任何年龄在 55 岁及以上且拥有私人养老金的人，都可以将其养老金的 1/4 作为免税的一次性总额，然后在退休时提取其余的部分。这意味着更多的选择，这很棒，但是错误选择和错误计算的风险很高，因此，这只会使围绕整个养老金业务的气氛更紧张。

文件重组和普遍的混乱情况都将改变。接下来的很多事情将取决于 API，它对英国老人的养老金很有用。

我在《金钱革命》中已经提到过几次 API，但是这里提供一些背景知识帮助你理解它。API 是允许软件组件相互通信、不同系统之间进行交互的一组标准。通过发布系统的 API，你可以使全球的技术开发人员将系统的功能构建到自己的软件中。API 使你可以轻松地从任何应用程序中发送电子邮件和文本消息，访问无数连接的数据库搜索餐馆或酒店，让谷歌地图丰富应用程序的用户界面。企业之间使用的这种无障碍沟通技术，可以让你通过 Booking.com 轻松预订斯里兰卡的万豪酒店。已发布的 API 使应用程序开发人员的生活变得更加轻松，因为如果他们想构建一个强大的应用程序，无须每次都从头开始。他们只需集成所需的所有 API，即可获得所需的产品，实现预设功能。近年来，越来越丰富和复杂的 API 是金融科技产品数量激增和多样化的原因之一。这个共享的过程对你我和技术开发人员都有利，也是开放式银行计划的另一个选择。每个共享 API 的人都将从中受益。

我们提到这个简短的技术术语是为了解释在养老这件事情上，我们为什么必须感谢 API。当我们制订至关重要的长期储蓄计划时，API 是管理风险的核心技术。

API 使所有与养老金相关的事务都变得更加容易，它可以联系相关各方，链接各种政策，弥合众多系统和选项之间的鸿沟。将 API 应用于养老金领域可以使事务变得更加清晰和易于管理。有了连接所有养老金提供者 API 的应用程序，你就不再需要大量文书工作，并且可以全面了解你的养老计划。

API 把你所有的资料整理好之后集中存放，以便更好地进行管理。这项技术使企业可以与更多的潜在保险人共享特定的细节和客户数据，从而可以更快地提供保险报价，而且随着竞争的加剧，企业可以更快地响应客户的需求。同样，由于政策条款易于查看，因此随着时间的推移，有效跟踪政策并根据需要进行调整，也变得更加容易。养老金等长期投资的潜在好处之一是，大多数人有时间调整和改变计划，以确保获得最佳结果。技术进步使该过程变得非常容易。

这一切都是与时俱进的。近年来，我们已经看到大量的储蓄者自动加入新的强制养老保险计划。这些新计划依赖个人对他们的资金投资对象做出重要决定。养老金技术的新发展将使养老金的业务增加，以确保我们拥有最多的养老金。

养老金的可见性与合并

在最简单的层面上，新一代的养老金应用程序通过在线指示板向你展示你的养老金储蓄的即时快照。以前你需要等待年度报告，而更糟的是，直到退休前几个月你对自己最终领到的养老金金额还一无所知，但是现在你可以随时随地使用手机查看余额。这类应用程序的有用功能之一是可以根据你当前的年龄和薪水，对你所需的投资额进行建模，从而得出你需要多少退休金。在英国，政府在 2019 年启动养老金信息中心，允许人们从大多数地方在线访问他们的信息。然而，该服务被认为是最基本的服务，不能对不同种类的养老金进行合并。

140 　　显然，如果你决定调整养老保险，就会有风险。如果你当前的保单中有退出费用，那么你使用的应用程序会给你发送通知。如果现有的担保政策（例如具有保证年金率或最终企业养老金承诺的政策）有所改变，你将事先收到相关的书面文件，从而可以充分考虑所有的选择。如果你现有的养老保险中有一项担保的权益超过 30000 英镑，则在继续调整之前，你必须先咨询转换专家或财务顾问。这些都会在应用程序中突出显示。

应用优选：简单

　　有许多免费工具可帮助你通过了解当前状况来迈出退休计划的第一步，这是一个好的开始。更加了解自己今天所拥有的，是掌控局面的起点。它们还为积极管理养老金铺平了道路，让你远离毫无头绪的情况。给你提供帮助的应用程序包括 Retirement Countdown 和 Retire Logix。它们的基本思路是查看你截至某一天的积蓄，以及为确保舒适的退休生活你需要投入多少钱。

推荐应用程序：*Retirement Countdown*、*Retire Logix*

应用优选：合并

大多数成年人每隔几年就要换工作，于是他们往往最终会因各种雇主计划而拥有几个小型养老金罐。这些资金很难跟踪，而且人们很容易忽略这样一个事实，即一些资金将因业绩不佳的基金而枯竭，而高额收费又进一步吞噬了总金额。PensionBee 根据你过去和现在的雇主名称，帮助你跟踪所有不同的养老金罐。该应用程序将所有储蓄计划合并为一个低成本计划。你能够看到当前养老金计划的规模以及预计的退休收入。你还可以设置常规的其他缴费项目。使用手机轻松访问数字养老金应用程序，你将不断意识到潜在的问题，按照提示定期采取行动，从而带来积极的结果。

值得指出的是，PensionBee 有 4 个计划可供选择，但没有提供具体建议。如上所述，对于拥有最终企业养老金或持有超过 3 万英镑的担保权益的基金的人来说，这都是一个问题。他们必须寻求建议。根据计划和投资额的不同，合并养老金操作的费用从 0.25% 到 0.95% 不等。

推荐应用程序：*PensionBee*

养老金计划

这世上不再有终身工作了，如果家庭成员没有为退休后的生活做好准备，那么这个家庭的财务状况就不算好。根据世界经济论坛（WEF）的数据，全球养老金系统存在 70 万亿美元的缺口（按照为每个人提供相当于退休前工资 70% 的退休收入所需的金额计算）。其中，美国占 28 万亿美元。同时，经济合作与发展组织（OECD）的研究①显示，英国在所有发达经济体中拥有最少的国家养老金。根据目前的估算，超过 1000 万人在退休后将面临贫困。到 2050 年，当千禧一代开始领取养老金时，所有数值都会显著增加。

无论你通过储蓄和投资做什么，养老金计划都应该是优先事项。如果你想维持退休后的生活水平，那么私人养老金就至关重要。平均来说，你需要最终工资的 2/3 的资金，才能过上舒适的退休生活。

好消息是，养老金是现有最节税的储蓄产品之一。例如，在英国，年龄在 75 岁以下的居民最高要缴纳税前年收入的 100% 的税款，并且可以享受 20% 的税收减免。

尽管雇主和雇员有义务在雇员整个职业生涯中按其工资的一定比例缴纳养老金，并且强制缴纳养老保险已成为退休计划中越来越有用的措施之一，但它们只是养老金的部分来源。让我们继续以英国为例，截至 2019 年 4 月，雇主必须缴纳 3% 的养老保险金额，另外 5% 则由雇员承担。虽然强制缴纳养老保险是必需的，因为缴纳养老保险的员工可享受减税优惠，但是，认为缴纳这类保险就做了投资，对任何人来说都是不明智的。你不要因为缴纳了强制养老保险，就陷入虚假的安全感之中。每年将个位数收入存入养老金池，你无法过上理想的退休生活。

再说一次：要为补充你的养老金找到一个最好的方案，似乎是一个艰难的抉择。这就是为什么新一代养老金应用程序真的非常方便，因为它们为你提供了个性化服务。你需要为这种服务付

---

① OECD, "Pensions at a Glance 2017," http：//www.oecd.org/unitedkingdom/PAG2017 – GBR.pdf，最近访问日期为 2017 年 10 月 5 日。

费，但是通常来说，数字顾问的成本比传统顾问低很多。通常来说，由国际金融协会（Institute of Financial Accountants，IFA）进行初步审查的费用可能高达 500 英镑，而那些在退休时寻求养老金建议的人，100000 英镑的基金可能就要支付 1000 英镑的咨询费。

　　数字顾问的费用通常是按年收取的，以占养老金总额的百分比来计算，与你的养老金规模大小和订制化服务的数量相关。这通常包括照管你的长期投资经理的费用。数字顾问的费用具有相当大的竞争力。显而易见的问题是，它们安全吗？毕竟，养老金应用程序将处理潜在的大笔款项，而这些钱是我们至关重要的储蓄。像本书提到的其他应用程序一样，它们在数据保护方面做得也不错，因为它们使用高级加密技术来保护你的所有详细信息。另外，如果应用程序的开发公司倒闭，那么你的资金将受到金融服务补偿计划的保护。但是，与所有投资一样，如果基金表现不佳，你总有可能损失部分甚至全部资金的风险。

应用优选：灵活性

　　Nutmeg 是最早使用机器人顾问的应用程序之一。它最初提供个人储蓄账户（ISA）和一般投资账户，在 2015 年转做养老金业务。要建立养老金账户，用户需要输入性别、年龄和打算退休的时间。Nutmeg 的养老金计算器可以根据你输入的所需退休收入和当前储蓄记录，计算出每个月你要存入多少钱才能使养老金目标在预期的年龄成为现实。然后，加入退休金计划的人员可以从 10 种不同的风险组合中进行选择，这些组合的风险等级从风险最低的 1 级，到风险最高的 10 级。这些人员可以利用计算器来计算和选择风险级别，根据自己的选择，来查看围绕每个特定级别达到目标的可能性。Nutmeg 将根据你的投资经验、对风险和损失的理解，以及对股市的看法，对你进行风险评估，以建立个人档案。评估完后，它将从 10 个投资组合中推荐 1 个给你。养老金计划启动并运行后，用户可以随时更改缴款和风险水平。

Nutmeg 的最低初始投资为 5000 英镑，高于许多其他应用程序收取的服务费。投资额在 100000 英镑以下，Nutmeg 按照总额的 0.75% 收取费用，而超出部分的费率则为 0.35%。

另一个值得关注的类似应用程序是 Moneyfarm，它是另一种养老金数字顾问。它提供 6 个风险级别，并且至少需要 500 英镑的初始投资。投资者须为 20000 英镑以下的投资支付 0.7% 的服务费，为 20001～100000 英镑的投资支付 0.6% 的服务费，为 100001～500000 英镑的投资支付 0.5% 的服务费。

推荐应用程序：*Nutmeg*、*Moneyfarm*

退休现金流的未来

任何人退休时面临的最大问题是他们的养老金能支撑多久。自从引入养老金的概念以来，许多人面临他们的钱可能在死亡前花光的问题。当今时代，生活变得越来越复杂，60 多岁人的离婚率在上升，债务越来越普遍，这一切都增加了养老金的不确定性。

过去，由于采用了企业养老金计划，我们所有人都知道退休期间每个月可以领取多少现金。前任雇主将忠实地继续支付所需的费用，退休后的生活将如期而至。如今，大多数工人参加了固定缴款计划，这意味着当我们退休时，我们只能寄希望于这个固定缴款计划。当然，我们还可以选择购买每年支付固定金额的年金。但这样做确实也有缺点，而且它提供的金额可能很少。如今，最优惠的年金支取利率约为 5%，也就是说，如果你投入 10 万英镑，那么每年的收入仅为 5000 英镑。不过，这种情况会一直持续下去，直到养老金领取者去世。

另一种方法是自己动手管理养老金。例如，假设你决定不支取年金，而是每年从 10 万英镑的养老金中提取 7%，换句话说，你每年提取 7000 英镑。那么在 14 年内，养老金将被提取一空。如果每年从 10 万英镑的养老金中提取 6%，那么养老金只能维持 16 年。

需要指出的是，现阶段，如果从 65 岁开始领取养老金，那么男性平均可以领取 18.5 年，女性则平均可以领取 20.5 年。根据这一计算方法，未来人们只能靠微薄的国家养老金度日。

如果你自己管理养老金，你可能首先获得较低的收入，然后将资本投资于股票收益基金。随着时间的推移，你的收入会增加。更重要的是，资金用尽的机会比较小。另外，最好你可以提前做好充分准备，并使用数字技术预测养老金储蓄的预计规模，以及对退休后年收入的影响。你要算清楚，在没有入不敷出的风险的情况下，每年你可以取出多少钱？

不论你怎么看，尝试自己管理财富都是极具挑战性的，而且非常困难。你需要考虑投资回报、负债、税收，任何因素都可能导致你的计算结果偏离预期。在撰写本文时，相对来说这方面的手机应用程序还很少，但是开发此类应用程序已经被列入许多较大的养老金提供者（如 Arriva, Scottish Widows, Aegon 等）的计划，一些数字初创企业也聚焦于此。我充满信心地期望在接下来的几年中，会出现一些创新的想法。

第十二章

像专家一样投资

　　资产管理（asset management）是将闲置现金转投到比传统储蓄账户收益更高的投资领域（包括股票、房地产、商品、国际投资等）的方式。传统上，这类事情一直与高净值个人财产相关。毫不奇怪，资产管理是个人金融方面被颠覆者盯上的另一个领域。研究表明，80%的人不会定期储蓄。① 根据《金钱慈善》（*Money Charity*）的报道，有 960 万英国家庭没有任何积蓄。

　　许多人认为谈论或者思考储蓄和投资很无聊，这对他们没有帮助（根据 Mintel 的调查，1/3 的英国消费者对任何一种财务管理工具的兴趣都"低"或"极低"）。许多说自己对储蓄和投资不感兴趣（实际上很多人对此感兴趣）的人认为储蓄和投资难以捉摸、令人生畏。如果你不是 *City* 杂志的热门人物，怎么知道你在投资正确的项目呢？即使你承担最小的风险，你也面临失去一切的风险。

---

① BlackRock，"Spending in Retirement... or not，"http：//www.blackrock.com/us/financial - professionals/your - practice/defined - contribution/news - insight - analysis，最近访问日期为 2016 年 6 月 17 日。

当然，解决方案是使人们可以轻松地定期投资少量资金，并省去通常为选择强效投资所需要做的所有研究和文书工作时间。凭借新一代的、门槛极低的自动化投资组合管理工具，这已经成为现实。投资者可以设定自己的选项，然后让机器人来完成其余的工作。如果你想投资，即便数量很少，那也可以使用这种工具。如果应用程序处理的是数千笔小交易，而不是几笔大交易，那么它们几乎没有什么区别。从一个账户向另一个账户转账非常简单。与投资相关的应用程序还巧妙地克服了传统的投资障碍，例如最低准入要求。

要判断这种数字化战略对投资的有效性，你只需要知道一些大公司确实非常重视它。高盛（Goldman Sachs）和纽约对冲基金 Two Sigma 等资金管理巨头现在将人工智能和机器学习作为它们的交易策略。据预测，在未来，99%的投资管理将以这种方式完成。计算机很擅长发现人类错过的投资机会。机器可以筛选大量数据以寻找有效模式。它们可以更深入地研究数据，生成假设并进行检验，它们的运算速度远远超过了普通人所能达到的速度。

向机器人顾问咨询

多年来，在进行长期投资时，只有两种选择。你可以自己做，也可以雇用一个财务会计师（IFA）来帮你。前者成本低，但工作负担很重，并且你不能保证能做好。因为你缺乏投资经验或根本就没有经验，你很容易在最糟糕的时机进入或退出市场，这可能导致你失去一切。

而雇用财务会计师，会带来完全不同的问题。首先，财务会计师会以提供"免费"建议来推销自己。实际上，这些建议

148

绝不是免费的。他们靠基金经理支付给他们的佣金赚钱。因此，投资者可能最终每年要向他们的财务会计师支付投资额的1%或2%（或可能更高）的费用。这里的不利之处就是，支付这笔费用意味着无论你决定把资金投入何种领域，投资的收益率必须比市场高出1%或2%，你才能保持赢利。而且，虽然相信财务会计师始终将你的最大利益放在心上是件好事，但事实并不总是如此。一连串的丑闻表明，填满自己腰包的诱惑使一些财务会计师为客户提供了不慎重或不恰当的建议。伦敦城市监督机构——金融行为管理局（以前的名称是金融服务管理局）在2012年呼吁"免费咨询"，并提高了行业的专业标准。但是，此举引起出人意料的负面影响，许多顾问完全不从事财务会计师业务，造成了合格财务会计师的短缺。而且，众所周知，当出现人才短缺时，现有人才的服务费就会提高。现在，只有那些能够进行大量投资或拥有大量净资产的人，才能享受独立咨询服务。基本上，许多普通百姓无法享受独立咨询投资。

有了机器人顾问，情况就改变了。机器人顾问当然也不是退而求其次的选择。实际上，除了提供比人类投资人更易得、更便宜的服务之外，机器人顾问也非常有效率。

机器人顾问使用软件自动购买和出售资产，随着时间的推移重新平衡投资组合。它们不是"活跃的投资者"，也就是说，它们并不试图凭借其出色而有见地的投资选择来获取暴利。它们的模型是被动的，这意味着它们购买然后持有种类繁多的资产组合，而不会真正搅乱组合。这些资产组合只是随着时间的推移完全匹配了整个市场的收益，而不会影响市场。

机器人顾问相对容易使用，比起与传统的财务会计师一起工作，利用机器人顾问投资无疑要快捷得多。传统的财务会计师与客户进行冗长的初始面谈。在向客户提供投资策略之前，财务会计师要全面了解客户的财务状况以及对风险的态度。而机器人顾问通常会生成一个在线调查表，客户可以在白天或晚上任何时间填写，这对每个人来说都很方便。调查结果描述了风险概况。数据被输入算法中，得出合适的投资组合，然后机器人顾问提出建议。客户可以按自己的意愿自由调整建议。

机器人顾问并不适合所有投资者。例如，如果你有大量资金要投资，比如超过10万英镑，那么你可能会从财务会计师的建议中受益。为什么？迄今为止，机器人顾问非常擅长买卖资产，但它们的建议完全基于你的在线调查表中的信息。在考虑你的投资金额的同时，机器人顾问不会考虑你的投资策略与你可能拥有的、与房屋或养老金相关的任何其他财富之间的相互作用，或者任何你可能有的债务。简而言之，机器人顾问只能根据问到的问题处理你提供给它们的信息，而财务会计师会看大局。他们根据与客户的一对一互动，询问后续问题。因此，在更复杂的情况下，诸如计划未来的重大事项，人类顾问仍然扮演着重要角色，例如开办企业、购买房屋，或调整生活方式。

150

但是，如果你刚开始投资，或者只有少量资金可以投资，那么机器人顾问可以给你提供进入投资市场的完美机会。在明确设定目标（投资数额和频次）以及资产分配（投资去向）方面，它们无疑具有明显的优势。

应用优选：入门级机器人顾问

Nutmeg、Moneyfarm、evestor、Moola、Scalable Capital、WealthSimple、Wealthify 等机器人顾问的入门成本相对较低。通常，年费为所

提供咨询资产总值的 0.45%，包含咨询、资产组合管理和行政费用。Wealthsimple 没有最低投资额限制，而 Moneyfarm、evestor、Wealthify 的最低投资限额仅为 1 英镑，这使这些应用程序甚至对于新手投资者而言，也非常容易上手。但是，有些具有更高的最低投资门槛（Nutmeg 需要 500 英镑，Moola 需要 100 英镑，Scalable Capital 需要 10000 英镑）。资金可以一次性或分期投入。

这些应用程序会向投资者提供在线调查问卷，询问他们的财务状况、投资经验、对风险的态度，然后针对个人提出投资组合建议（每个应用程序管理的投资组合数量因应用程序而异）。投资者可以通过应用程序保持对投资组合的关注，但仍可以通过实时网络聊天或 Skype 来享受人工咨询服务。

密切注意所收取的费用非常重要，因为如果年复一年地支付服务费，即使是很低的费用也会吞噬你的投资。同样，"你的投资价值可能会上升也可能下降"的古老格言，在这里也适用。

推荐应用程序：*Nutmeg*、*Moneyfarm*、*evestor*、*Moola*、*Scalable Capital*、*WealthSimple*、*Wealthify*

151

有零钱吗？

你现在已经看出来，金融科技就是要寻找祛除金钱神秘性的方法，提供更简单、低成本的储蓄和投资方式。在过去，投资市场，甚至投资个人储蓄账户，似乎对大多数人来说都过于遥远。许多人担心刚进入投资领域会花费太多资金，或者可能只是觉得与投资相关的概念令人困惑。普通人没有合格顾问的支持，几乎不可能做出明智的决定，对吧？

应用技术正在努力转变这种思路。你的数字首席财务官是你的朋友，可以使投资变得容易，而且我敢说，甚至会让你乐在其中。而最好的一点是什么呢？微投资是完全自动化的，你几乎可以从任何微投资中获得收益。

微投资基本上是一种定期储蓄少量资金的行为，是增加储蓄的无痛方式。这个想法的基础是：应用程序可以从我们的口袋中提取虚拟的零钱，并将其直接汇入投资组合。很棒的是，金额如此之小，你几乎没有注意到它已经用于投资了。

随着时间的推移，频繁的小笔投资就能累积起来。如果你每天存 20 便士，每月就赚 6 英镑，一年就赚 72 英镑。这些钱也许不是很多，但这只是一个开始。另外，它使你养成了储蓄的习惯，这绝不是一件坏事。

尽管许多投资平台的投资最低限额仍为 500 英镑或更高，但我怀疑在未来的数月、数年中，会有更多的投资平台把门槛降低至 1 英镑。业界所知的"部分交易"是指投资者买入了全部份额的一小部分，这是有道理的，因为任何人都可以很方便地进行交易，这种交易会将更多的客户引入市场。但是，除了通常所说的"你的投资价值可能会上升也可能下降"之外，我还要警告你：你需要对所投资项目的真实价值持现实的态度。你很容易认为自己在做很重要的事情，可你实际上只不过是每个月存了几英镑而已。而如果你开始大量投资，最终将需要支付更高的费用。

现在有一些备用零钱投资应用程序，它们可以让你以很少的费用投资股票。

应用优选：首次储户

MoneyBox 可以向年轻一代介绍投资理念，该应用程序已链接到用户的活期账户或信用卡，用户可以选择是否要投资股票或终身个人储蓄账户。风险偏好可以设置为谨慎、均衡、冒险。接下来，用户选择每周要投资多少钱，并且可以自动汇总通过自己选择的银行卡进行的日常购买行为。这样，如果你以 2.7 英镑的价格购买了一杯卡布奇诺，则可以将其四舍五入为 3 英镑，并将差额投资股票个人储蓄账户。如果你觉得不缺钱，还有一个 10 英镑的"快速添加"按钮。

另一个应用程序 True Potential 可让储户有机会将低至 1 英镑的资金投入多元资产基金。该应用程序上的平均投资为 10 英镑，75% 的投资不到 50 英镑。仅需很少的入门费用，你的资金就可以投资到由高盛（Goldman Sachs）、施罗德（Schroders）、安联（Allianz）和 7IM 等公司管理的基金中。

这些应用程序的非凡之处在于，它们为投资者提供了一种新选择。以前你想投资一家公司，需要至少购买一整股，而这需要花费特定的金额，例如每股 56.98 英镑。而现在你可以只支付低至 1 英镑的固定金额。这让一切都不那么棘手。想投资 10 英镑吗？好啊，来吧！这是完全可行的，也很容易。

值得注意的是，这些应用程序涉及一些费用。例如，MoneyBox 的月费为 1 英镑，占总投资额 0.45% 的平台费，0.22% ~ 0.24% 的基金管理费。对于少量投资而言，你需要权衡这样一个事实：它将一种快速、简便的方式引入投资习惯。

推荐应用：*MoneyBox*、*True Potential*

第十三章
旅行现金最优解

出国旅行是一个很好的机会，让你体验与众不同的事物，甚至在此过程中你能获取一些新的技能和知识。你可能会掌握一种新的语言，发现一种奇妙的新文化，一种完全陌生的美食能激发你的味蕾。

但是，有趣的是，当涉及这些体验的金钱时，大多数旅行者喜欢坚持使用一些比较熟悉的东西，那就是冷冰冰的硬通货——现金。尽管许多人早就接受了无现金支付方式，包括从非接触式支付到 Apple Pay 的各种支付方式，但是一旦我们开始制订计划准备踏上外国的土地，这一切似乎都被远远抛到脑后。实际上，有 75% 的旅行者[①]会提前计划为他们的旅行取现，不管是行程前还是到达目的地之后。旅客最喜欢的取款方式之一是在机场降落时从自动柜员机上取款。事实上，有 31% 的英国旅客到达目的地后，会立即从自动柜员机支取度假现金。其他人甚至都不敢这

① Mintel, "Travel Money UK," http：//academic. mintel. com/display/858899/, 最近访问日期为 2018 年 3 月 31 日。

155　样冒险，他们在国内机场就慌忙在航站楼里的外汇兑换处提取大量现金，赶在最后一分钟为昂贵的汇率支付溢价。

　　在国外的自动柜员机取钱是一种非常昂贵的取现方式。实际上，据估计，如果英国旅行者管理好这笔旅行支出，每年可节省1.25亿英镑的银行手续费和国外交易费用。仅一次取现，银行就会扣除一系列的费用。银行可能收取占取款金额3%的非英镑交易费，你使用海外自动柜员机，银行还可能收取占取款金额2%的费用。这还不是唯一让你花冤枉钱的地方。你很可能因为动态货币转换（Dynamic Currency Conversion，DCC）而花很多冤枉钱。DCC是自动柜员机提供的汇率。这个汇率永远非常高。据估计，它可能会使取款手续费占取款金额的比重增加至6%。

　　似乎这些还不够糟糕，从现金方面来讲，还有另一种方式可以使你梦想中的假期变成一场噩梦。使用过外国自动柜员机的人都知道，机器通常会"有帮助地"询问你是否想"修正汇率"，或者会说"此自动柜员机提供兑换为你的本币服务"。有时，自动柜员机的问题会误导取款者做出更费钱的选择。例如，它可能会显示汇率、货币金额，以及简单的"是"或"否"选择。永远不要接受这个建议，不要把现金兑换为你自己国家的本币：这会让你的处境更糟。你应始终选择"否"，或者任何不会兑换的选项。另外值得注意的是，当你在商店和餐馆消费时，相同的问题经常会在收费终端上弹出。同样，请始终要求以当地货币付款。

　　如果你不注意这些细节，当你点完一杯咖啡在广场上发呆，
156　坐看岁月静好的时候，你点的那杯2.5英镑的咖啡很容易就会涨到3.5英镑。也许你不在乎多支付1英镑，但这样的花费在两个星期的假期中不断累积。你的现金花在哪里都比付给银行强。

无论你怎么看，度假现金都属于雷区。但是，可以做一些非常简单的事情来避开这个雷区。首先，旅行者应该在收拾行李之前做好攻略。大多数旅行者在度假时，会严重地低估他们的消费。因此，即使他们已经仔细地做好了预算，并且做好了最坏的"被宰"的打算，最终他们还是不得不使用自动柜员机，额外支出很多费用。度假者往往过高估计了他们的度假支出，取出大量外币把钱包塞得鼓鼓的，然后花不完就回家了。他们不仅留下一抽屉度假时的外币，还将为此支付可观的费用。据估计，英国旅行者旅行后的剩余现金有8.19亿英镑。①

避免部分严重损失的方法之一，是减少提取大额现金的次数。当然，这会对安全产生负面影响。你也可以了解一下你去的地方是不是有免费的自动柜员机。或者，你可以研究一下此处列出的一些数字解决方案。

旅行借记卡和信用卡

根据经验，在国外旅行时使用你现有的日常信用卡和借记卡并不是一个好主意。即使你很认真，并在返回时立即全额偿还了信用卡，你仍要支付罚息，而且，在某些情况下，每次你从钱包中取出信用卡来支付时，你都被收取罚息。但是，并不是所有的信用卡都比不过现金——有些信用卡和借记卡不收取任何费用。

如果你正在权衡此选项，那么第一个，也许是最明显的问题就是：使用信用卡还是借记卡？信用卡通常更容易获得，因为你可以在任何地方申请信用卡。借记卡与各个账户相关联，因此要

①　www.weswap.com.

获得一个新的、无须付费的账户，你可能必须切换账户，或者开设一个新账户以与现有账户一起使用。使用信用卡付款时，你受到法律保护，这意味着如果有任何问题，信用卡提供商将与零售商一道承担责任。不提倡用信用卡在海外取现。当你从国外的自动柜员机取现时，大多数信用卡提供商都会收取手续费或利息。但是专门的海外借记卡不会收取手续费或利息，这意味着使用借记卡更划算。

应用优选：零银行费、卡费或充值费

如果你想避免海外取现时产生的高额费用，史达琳银行的借记卡不会向你收取任何费用。你甚至不需要将你的整个活期账户切换到这个银行。你可以在旅行之前简单地设置一个账户并向其中存入一些资金。与传统账户不同，在国外使用史达琳银行的借记卡不用支付罚息，自动柜员机的取款费用也不会增加。许多国外自动柜员机很可能会收取一定的费用，但是商店和超市通常有可能会像在英国一样，提供免费的现金返还服务。史达琳银行的万事达卡（MasterCard）汇率与全球可接受汇率一致，没有任何附加费用。此外，与某些预付旅行卡不同，史达琳银行的万事达卡的发卡和激活都是免费的。当你在国外时，Starling 的应用程序还可跟踪你的日常支出，你能用手机随时查看你在哪里、买了什么、还剩多少钱。这样，如果预算紧张，你就知道什么时候该减少支出，防止回家之前就用光现金。

推荐应用：*Starling*

应用优选：旅行积分返现

数字挑战者 Tandem 也声称用户可以在海外使用它的万事达

信用卡，该信用卡完全不收取任何费用。除了免费消费外，你还可以在国内外消费中获得 0.5% 的现金返还，上不封顶。此外，使用其他货币购买商品或取现也不收取任何费用。即便如此，要记住，用信用卡取现不是一个好主意，因为即使你全额还清了欠款，仍然需要支付利息。Tandem 会收取占取款金额 18.9% 的取现费用，因此，如果你不尽快偿还欠款，欠款就会急速上升。每提取 100 英镑，利息约为 1.5 英镑。你可以尽快偿还本金，以最大限度地减少利息（只有在你完全偿还了本金之后才需要支付利息）。如果你依赖大量从自动提款机取款旅行，那么这可能不是你的最佳选择。

推荐应用：*Tandem*

应用优选：便利

另一个值得考虑的卡是 Curve。对于那些钱包里塞满了信用卡和借记卡并想在旅行中使用这些卡的人，Curve 是他们的另一种选择。Curve 可以用来代替你钱包中的所有卡，你只携带这一张卡就够了。但是，它并不总是理想的选择，因为它具有安全风险。如果你丢了钱包，你将失去一切。另外，你还要支付本章开头列出的费用。但是，对于确实希望减少使用多张卡的负担的人，Curve 能满足他们的需求。通过链接到这张卡的应用程序，你可以简单地更改要使用的任何一张卡。Curve 提供的是万事达卡的汇率，但所有交易均收取占交易金额 1% 的固定费用，而首次获得 Curve 卡的费用为 35 英镑。你使用国际自动柜员机取现，还需要支付 2 英镑的费用。

推荐应用：*Curve*

159

预付费旅行卡和货币互换

长期以来，预付费旅行卡一直是跟踪旅行支出的有用工具。你只需在出国之前充好值，就可以像借记卡一样使用它。显然，你的支出不能超过预付费旅行卡中的充值额度，因此它是一个非常有用的预算工具，可以防止你的财务陷入赤字。另外，它还是一种有用的防欺诈工具，因为即使有人确实掌握了某人的预付费旅行卡的详细信息，他也无法以持卡人的名义支付大额的账单。另外，如果卡丢失或被盗，持卡人只需与提供商联系即可将其挂失。这样一来，除了再办张新卡需要支付额外的 10 英镑之外，持卡人不会有任何损失。

尽管使用预付费旅行卡与旅行时使用信用卡或借记卡非常相似，但使用预付费旅行卡还是有所不同。例如，汇率通常在你充值预付费旅行卡的当天锁定。当你使用一般的银行卡时，汇率是以你结算时的汇率计算的。当然，它可能高，也可能低。如果你外出时本币突然升值，那么使用预付费旅行卡购物时，你会发现跟支付即时汇率的人相比，自己就吃亏了。当然，反之亦然。

你出去旅行时，逛街购物是很值得的。我建议人们都应该花点时间比较一下各种预付费旅行卡，因为它们的汇率不同。有些卡使用即期汇率，即通常的汇率；有些则使用万事达卡或 Visa 卡的汇率；而还有一些则选择这两种之一，然后加上一定的百分比作为汇率。这个百分比可能为 1%～2.5%。还应注意，有些预付费旅行卡收取自动柜员取款费，而有些则给持卡人每月较低的取款限额。另外，如果你打算租汽车，有些地方不接受没有租车者姓名的卡。这种情况并不会在所有地方都发生，但会给旅行者增添一丝焦虑，如果你是那种因不确定性而感到压力的旅行者，那么预付费旅行卡不适合你。

几乎所有预付费旅行卡都链接到应用程序，因此你可以监控自己的消费情况，并在需要时向卡中多充点钱。如果你的目的地是互联网信号不佳或覆盖范围不广的国家或地区，则要确保在出国前卡里的钱充足。

应用优选：点对点的公平预付费汇率

预付费服务中的一个创新想法是 WeSwap 应用程序，它提供一种点对点货币兑换服务，可以完全甩掉中间商，并声称可以提供最佳汇率。WeSwap 使用它们的在线社区与其他有相反需求的旅行者互换货币。通过在用户之间互换货币，它试图避免从银行购买外币。在线设置账户并输入目的地后，用户将获得一个与WeSwap 相对应的预付费万事达卡链接。你只需充入想交换的资金，就可与想以相反方式进行交换的人相匹配。匹配成功后，你的账户就会存入新的货币，你就可以用这张预付费卡消费了。你也可以在自动柜员机上使用 WeSwap。只要你的提款额超过 200美元或 200 欧元，你每天最多可以提款两次，因此当你出国时，少量大额提款是值得的。否则，你需要支付 2.25 美元或 1.75 欧元。在持卡的前 6 个月中，你无须支付任何交换费用，还可以适用银行同业拆借利率。但是，你需要等 7 天才能将钱兑换成外币，除非你支付一定的费用。6 个月后，WeSwap 会收取 1% 的交换费。如果你可以让 5 个朋友注册 WeSwap，则可以完全免去手续费。

同样，你可以选择将任何没用上的货币转换为你的本国货币，并且 WeSwap 网站还邀请人们收集他们可能藏在抽屉里的所有随机美元、日元、卢比钞票，人们把这些现金寄给开发

WeSwap 的银行，银行将在 3 天内把钱存入他们的 WeSwap 账户。或者，如果你愿意，该款项可以捐赠给慈善机构。主要货币的交换费率为 1%～2%，其他币种的交换费率稍高。该应用程序不接受所有货币，但是如果无法满足特定要求，该服务会在订单阶段向你发出警告。

推荐应用：WeSwap

向国外汇款

如果你不是那种需要在遥远的他乡花现金的人呢？可能是与你有代沟的儿子或女儿错算了他们的预算，需要救急；或者你正在国外工作，希望将现金寄回家中。过去，在国际银行转账的银行手续费高达每笔 25 英镑，这笔手续费简直太高了。而且汇款方和收款方都需要付费。更不用说银行偶尔隐藏实际收取的真实金额了。一些金融服务提供商提供"免费"服务，但它们会调整汇率以弥补损失，或引入大量小额费用来掩盖真实成本。无论采用哪种方式削减费用，结果都可能令人沮丧，因为没有什么比在转账过程中损失大量现金更糟糕的了。

幸运的是，现在有许多更低价的替代品。事实上，有相当多的选择正在出现，你可以好好看一看，以找到最适合你特定需求的工具。

应用优选：使用方便

我一定要再次提到史达琳银行。你可以使用这家银行的应用程序将资金转移到国外，其汇率和费用都优于其他银行，它从汇款金额中扣除总计 0.4% 的交易费用。在你点击"开始"之前，应用程序内的货币计算器会准确显示你的消费金额，这样保证了整个流程完全透明。在撰写本文时，用户已可以使用此服务，以21 种货币向 39 个国家或地区汇款。

推荐应用程序：Starling

应用优选：一次性或小额付款

有许多专业的在线服务可以用于一次性收取每笔低至 1 英镑的小额费用。这在通过 ebay 购买商品，或者向海外的家人寄礼物时可能非常方便。你可以使用本国货币付款，通常是通过互联网转账，然后兑换成外币，并在大约 2 ~ 4 个工作日内发送到国外的收款银行。Azimo 就是一款这样的应用程序，你可以用它向190 多个国家汇款。它的费用从 1 英镑起，SWIFT 付款（直接银行间转账，以确保你的国际付款迅速到账）最低收费 12 英镑，移动充值为最低 1 英镑。该应用程序具有很实用的跟踪功能，如果转账出现问题，可以全额退款。对于那些首次使用此类服务的人来说，它可能是非常令人放心的。它有一个很划算的朋友推荐计划，每向一个人推荐这项服务你可以获得 10 英镑，向 3 个人推荐这项服务，你还可以额外获得 25 英镑。

Azimo 最有趣的功能之一是允许你仅使用手机号码就可以在英国和海外进行汇款和索款。如果你汇款给没有安装 Azimo 应用程序的人，他会收到一条消息，其中包含可下载的链接。然后他要做的就是填写银行详细信息，以提取资金。设置完成后，其详细信息将被保存，下一次汇款将即时完成。

Circle 提供了类似的服务 CirclePay，它可以导入你的联系人列表，并可以让你与计划汇款对象聊天。如果你愿意，甚至可以使用表情符号和动图来活跃气氛。你只需将借记卡或银行账户链接到该应用程序，即可进行即时转账。该应用程序可在 Android

和 Apple 设备上免费下载，Circle 承诺不向用户收费。

推荐应用程序：*Azimo*、*Circle*

应用优选：可穿戴式应用程序

如果你喜欢小工具，那么最适合你的汇款应用程序就是 WorldFirst。它不仅可以作为应用程序使用，还可以通过 Android 和 Apple 智能手表进行设置、使用。开发这款应用程序的公司声称，那些拥有可穿戴设备的人，只需"五次点按三次轻扫"，就可以进行转账。这可不全是噱头。WorldFirst 提供了一个有用的"汇率提醒"功能，可确保你仅在汇率达到最佳时才转账现金。这项服务的目的是转移大量资金。最低转移门槛为 1000 英镑。与前文中详细介绍的应用程序相比，它还需要更多信息来进行设置。它的确为用户提供了一个转换工具，可以显示最新的银行同业拆借利率、实时利率图表，以及指向市场新闻和汇率分析的链接。

推荐应用：*WorldFirst*

应用优选：最低价保证

另一个有趣的汇款服务应用程序是 TransferWise，它实际上根本不会转移现金。它只不过是将希望把钱汇到国外的人，与其他国家中想向相反方向转移现金的人相匹配。举例来说，假设你想汇 1000 美元给加拿大的某个人，TransferWise 并没有实际向加拿大汇出 1000 美元，而是将你汇给那个加拿大人的 1000 美元存入了 TransferWise 的美元账户中，并从 TransferWise 的加拿大元账户中向接收者支付了等额的加拿大元。由于大部分操作都是与交易相剥离的，因此这类应用程序能够提供更为稳定的汇率。TransferWise 接受按银行汇率从 1 英镑到 100 万英镑不等的转换订单，并对通过该服务转移的金额收取 0.5% 的固定费用。

这项服务的主要优点之一是非常易于使用，因为点对点交易中的所有复杂的程序都在应用程序中得到了简化。为了提高客户满意度，它还具有"最低价保证"。如果客户从其他供应商处获得更好的报价，TransferWise 承诺其报价与其他供应商的报价持平，如其报价高于其他供应商，则可退还差价。该服务支持全球超过 27 种货币，包括市面上大量使用的货币，如美元、英镑、欧元、印度卢比、日元、澳元等。

这种应用程序潜在的负面影响微乎其微。实际上，唯一需要注意的是，转账过程不是立即进行的，根据所涉币种，大多数兑换需要 1~4 天完成。

最近，TransferWise 提供了一个无边界账户，用户用一张借记卡，可以轻松地在世界任何地方使用资金。该应用程序在多个国家或地区提供用于接收付款的账号，从而使整个过程变得更轻松。

推荐应用：TransferWise

先飞后付

一个悠长假期的花销很大。事实上，令人惊讶的是，分期付款旅行的概念在美国、欧洲、南非基本上是闻所未闻的，尽管分期付款旅行在其他国家非常普遍。如果有很多金融科技公司盯住这个领域，那么这种做法会越来越普遍。

分期支付旅行费有很多潜在的优势。例如，想象一下，你每天努力工作、攒钱，就为了享受你梦想中的假期。然后，就在你就快攒够钱的时候，你发现旅行费上涨了，连飞机票都买不起。或者说，你被迫进行一场出乎意料的旅行。由于临时起意的预算外支出或者一笔高昂贷款，你可能在接下来的几个月捉襟见肘。分期付款可以降低风险，让你更确定自己想买什么以及什么时候买。

应用优选：使用方便

机票购买平台 Flymble 的口号是：出门旅行，应该与购买手机、新沙发或按清单购物一样。Flymble 使用起来也比较简单，你只需确定你要去的地方，在 Flymble 网站上搜索航班，填写你的详细信息，并通过快速信用审核即可。费用包括一小笔服务费，作为首付款的一部分预付金。此后，结账时的费用不包括附加费用或额外利息费用。旅客可以选择分 3 个月、6 个月或 10 个月的分期付款方式。

推荐应用：*Flymble*

应用优选：选择

Affirm 已经与旅游巨头 Expedia 美国站建立了联系，可以实现从航班到住宿等一系列旅游产品的分期付款。要找到该功能，请选择"每月付款"标签，然后选择使用银行转账或借记卡分 3 个月、6 个月或 12 个月付款，年利率（Annual Percentage Rate，APR）为 10%～30%。目前该项业务尚处于试验阶段，但是 Expedia 看好这项业务，旅游业的其他商家往往紧随其后。其他航空公司、连锁酒店、旅行搜索公司似乎不可避免地都会密切关注这项服务。

另一个值得关注的应用程序是 Airfordable，它使用风险评估软件代替信用审查。其背后的理念是使整个旅程更加便捷。它也可以降低成本。Airfordable 收取机票价格的 10%～20% 作为服务费，然后自动制订还款计划，以便客户在旅行日期之前支付航班费用。它与美国所有主要的旅游提供商合作，例如 Expedia、Priceline 和 Google Flights。客户只需对行程进行截屏，提交行程详细信息，然后在总费用的基础上存入定金。之后旅客可以对全部余额进行定期付款，在全额还清贷款后，机票就会得到确认，并被寄给旅客。

推荐应用程序：Affirm、Airfordable

应用优选：社会储蓄

南非金融科技公司开发的 FOMOTravel 提供一项不同的分期付款计划。像其他此类计划一样，它要求用户每月定期付款以支付旅行费用，但是在这种情况下，用户可以请朋友和家人帮他付款。当为蜜月旅行等大型旅行进行"众筹"时，这款应用程序可能非常有用。

第十四章

聪明借贷

传统上，贷款模式是基于一种经过验证的模式：银行和信用合作社从某些客户那里接受存款，并利用该资金向其他客户提供贷款。它们向借款方收取的利息多于向储蓄者支付的利息，赚的就是这个差价。就目前情况而言，这个模式一直很有用，尽管这些交易并不总是值得称道。

关于贷款的最常见抱怨之一，来自借款方，主要集中于潜在借款方拿到钱之前需要逾越的一系列障碍。这些障碍有一个共性：申请贷款的过程对借款方不友好，借款方被迫填写冗长的表格，提供各种支持文档，然后通常需要等待数周才能得到答复。一些本可以得到贷款的借款方被阻挡在主流贷款市场之外，尽管

169 他们真的是不错的借款方。当贷款方使用一般数据作为参考值，并依靠传统的信用评分指标来评估贷款申请时，很容易遗漏一些借款申请人。贷款方的回应是，它们需要尽最大的努力来避免违约的风险。

由于我们每个人实时数据的激增，金融科技公司现在有机会来解决这类问题，并使整个贷款流程更好地为每个人服务。

金融科技公司可以使用技术来大大减少所需的文书流程。贷款方更容易审查贷款材料，整个流程要快得多。完全数字化的贷款流程也带来了更高的透明度。正如我在本书中多次说过的那样，如果人们不以眼不见心不烦的态度短视地面对自己财务状况，那就更好了。使用现有技术意味着借款方可以了解贷款的全部成本，跟踪还款和其他有用的信息，这样就不会发生任何意外。

2005 年始于 Zopa 等公司的点对点贷款热潮，显示了贷款市场发生变化的最初迹象。一群人被匹配在一起组织个人贷款，把他们组织起来的组织者（公司）收取小额费用。但是，进步和变革并没有止步于此。金融科技公司现在正在处理各种贷款，从助学贷款、抵押贷款，到企业信用贷款。它们考虑是否有一种更简便、更廉价的方法，来为可能曾经被排斥在获得融资之外，或者认为该过程缓慢而烦琐的人，开放市场？技术再次成为新解决方案的核心，满足这些需求而出现的借贷服务使更便捷的申请流程、更快的审批速度和放款速度成为可能。数字化流程在借贷市场上尤其高效，因为访问所有可用数据并连接各个点的能力真正发挥了作用。决策的速度和准确性至关重要。以前，当一切由人工来进行审核时，进程经常暂停，或者至少放慢了速度。应用程序对各种风险进行自动评估不仅可以加快审核速度，而且还具有降低运营成本的优势，这可以为消费者带来更具竞争力的贷款方式。

点对点贷款

2008 年全球金融危机造成的许多深远影响之一，就是银行停止放贷。由于前期的肆意妄为，以及大量不良贷款和抵押证券的披露，商业银行贷款方深受打击，完全处于不利的风险之中。当客户要求贷款时，他们总无法获得贷款。这种情况为后来蓬勃发展的点对点贷款实践提供了理想的环境。

点对点贷款背后的机制很简单，它就像在线媒人。借款方会与愿意将钱放在更长时间内以换取可观回报的储户相匹配。由于排除了银行中间人，因此，借款方可以获得的利率要比商业银行通常提供的利率低一些，而贷款方也可以获得更高的整体利率带来的收益。同时，点对点贷款中介也会收取一份中介费。

从借款方和贷款方的角度来看，除了获得不错的利率外，点对点贷款还有许多优势。借款方受益于简单、快速的在线申请和审批流程。它的利率固定，低于传统金融机构和信用卡所提供的利率，并且没有任何隐性费用。如果你决定在到期日前还清贷款，不会产生提前还款违约金。而且贷款是无抵押的，因此借款人无须提供抵押品，例如房屋或汽车。

171   它对贷款人也有利。首先，它为那些可能从未考虑过用放贷来增加储蓄的人们，提供新的投资机会。与仅将钱存入储蓄账户相比，贷款方有可能通过点对点贷款赚取更多收益。投资选择有很多种，从很小的到非常大的投资都有，贷款方甚至可以通过投资由数百甚至数千笔贷款的投资组合来分散风险。通过在不同领域的申请中放贷，风险也可以进一步分散。作为投资的回报，贷款方每月收取当月的本金和利息，而借款方则偿还到期应还款。贷款方可以选择把已偿还的资金完全取出来，或者进行再投资。

自 21 世纪最初 10 年的后期以来，点对点贷款市场蓬勃发展。当第一个贷款平台 Zopa 于 2005 年推出时，其贷款总额不过 150 万英镑。而如今，仅在英国 Zopa 就有超过 100 亿英镑的贷款。① 在全球范围内，到 2024 年，点对点贷款的市场规模预计将达到 6880 亿英镑。② 点对点贷款初创公司已利用最新技术来构建其系统，这再次使它们具有优于传统贷款方的竞争优势，而传统贷款方大多依赖笨拙、过时的系统，为客户提供相对缓慢的服务。这并不是说每个点对点贷款申请都没有经过仔细的评估。每个借款方都受到同样严格的信用审查，并且点对点贷款公司根据风险对借款方进行评级——技术只是加快了流程并使其更加高效。在线平台还可以自动完成涉及贷款的许多合法和合规流程。需要快速获得资金的借款方可以迅速获得批准。在许多案例中，资金甚至可以在申请的同一天筹齐。

那么，你可能会问：更优惠的利率、更快捷的审批、更高效的系统有没有缺点呢？好吧，借款方和贷款方都有风险，而且这可能并不是每个人的正确选择。例如，如果某个潜在的借款方没有好的信用评分，那么他们获得的点对点贷款可能会伴随着高得令人望而却步的利率，以帮助减小更大的违约可能带来的风险。如果借款方接受了要约，那么他们在未来数月乃至数年内将被高利率困扰。在这种情况下，潜在借款方有强烈的理由等待一段时间并采取措施提高其信用等级，然后再申请贷款。或者，如果申请人打算借很多钱，他们可能会发现很难找到贷款方，因为这种方式并不总能借到大量资金。

如果你作为贷款方进入点对点贷款领域，那么还要有更多的

172

---

① Peer to Peer Finance Association，https：//www. p2pfa. org. uk/news/，最近访问日期为 2018 年 9 月 12 日。

② Transparency Market Research，"Peer to Peer Lending Market，"http：// www. transparencymarketresearch. com/pressrelease/peer – to – peer – lending – market. htm，最近访问日期为 2018 年 6 月 30 日。

考量。毕竟，你的储备金有潜在的风险。最明显的潜在负面问题之一是你的资本金可能无法收回。尽管点对点贷款在许多方面都表现出色，但不能保证贷款方有回报，甚至不能保证贷款方能收回本金。从好的方面来看，点对点贷款业务现在受到了监管。例如，在英国，金融行为监管局于2014年4月开始对其进行监管。其规则明确规定，点对点贷款公司必须清楚地披露信息，让潜在风险保持透明，并在出现任何问题时有相应的预案。任何不遵守规则的点对点贷款公司都可能受到制裁和承担高额罚款。此外，它们必须至少有50000英镑的资本（对于大公司则要求更多），以应对财务困难。

值得注意的是，尽管该行业受到了更好的监管，但是没有受到金融服务补偿计划的保护。这是向英国所有储户提供的安全网，它保证一旦资金持有人破产，每个金融机构的客户可获得不超过85000英镑的补偿。如果你通过点对点贷款公司借出资金，而随后它倒闭了，那么追讨欠款的责任在你。虽然点对点贷款公司应该为这种情况投保，但并不能保证一定能顺利解决问题。

财经评论员还不满地抱怨说，点对点贷款行业利用传统银行的弱点而迅速、激进地扩张，传统银行可没有发展那么快。点对点贷款公司当然充分利用了长期的低利率。随着利率不可避免地开始上升，投资者进入点对点贷款等"较高风险"领域的动力可能会减弱。在有证据表明点对点贷款平台所提供的利率已经不像以前那样具有吸引力的时候，这些情况可能会发生。如果点对点贷款公司的利率与更多"主流"贷款方所提供的利率相差无几，则可以推测，点对点贷款公司可能倾向于在风险更大的情况下，在信用评分较低或根本没有信用评分的借款人中从事贷款业务。对于投资者而言，这无疑将带来更大的风险，并且可能对点对点贷款的业务增长产生破坏性的长期影响。

对于英国的储户而言，许多点对点贷款公司现在也提供个人储蓄账户，这样你可以免一部分税费，甚至可以用它们代替传统的银行和投资提供商来获得个人储蓄账户年度津贴。

与金融服务的每个领域一样，点对点贷款的风险总是存在的。减少风险的最佳方法是了解你正在处理的事，并充分了解相关情况。

应用优选：已建立的跟踪记录

作为最早的点对点贷款业务参与者之一，Zopa 仍然是最成熟的参与者之一，并在寻求个人贷款的借款人中赢得了良好的立足点。如果你决定成为贷款方，则 Zopa 会将投资金额分成 10 英镑的小份，然后平均分配给许多不同的贷款业务。因此，贷款方会面对划分各种借款人，这具有以下优势：贷款方不会将所有款项放在一个贷款项目中。贷款方的投资额可以低至 10 英镑，上不封顶。他们可以从两种不同的产品中做出选择，即 Zopa Core 和 Zopa Plus，它们提供不同水平的风险和回报。尽管 Zopa 曾提供 5%～6% 的利率，但计入坏账和费用之后，贷款方的收益率为 4.5%～5.2%。也就是说，这仍然是一个不错的利率，而且是已经扣除了预计的坏账和费用之后的利率，Zopa 已经考虑了预期的贷款违约金额。贷款方也可以提早提取资金，但每笔费用为总金额的 1%。

借款方必须年满 20 周岁，并且具有良好的可查信用记录。最低贷款金额为 1000 英镑，最高金额为 25000 英镑。借款期限为 1～5 年，但是提前还款无须支付违约金。如果借款方未能及

174

时还款，他们将收到 Zopa 代表的电话，70% 的借款方会在几天内还清债务。拖欠 30 天后，Zopa 将讨论确定借款方是否需要帮助，可以做出新的安排，但是收债公司也可能参与其中。

　　紧随 Zopa 之后的是 LendingClub 公司，它成立于 2006 年，总部位于美国加利福尼亚州。LendingClub 号称是世界上最大的点对点贷款平台，账上涉及数十亿美元的贷款。它的回报率是8%。借款方需要达到最低信用等级阈值分数才能申请贷款，在 LendingClub 的风险管理之下，超过 2/3 的贷款申请会被拒绝。借款方可选择的最低贷款额为 1000 美元，最高为 40000 美元，可以在 3～5 年内偿还。那些拥有良好信用评分的人可以获得低至 6.95% 的利率，但是那些拥有不良信用评级的人可获得高达35.89% 的利率。贷款期限内，利率是固定的。个人和小型企业都可以获得贷款。

　　注册成为贷款方的过程很简单，只需几分钟就能在线完成，但是有最低资产净值和收入的要求，并且贷款方需要存入 1000美元作为初始资金。贷款方可以手动选择投资目标以建立贷款组合，或者将这一过程交由应用程序处理。LendingClub 对在其市场中保有的每一份贷款收取 1% 的年费。

推荐应用程序：Zopa、LendingClub

应用优选：使用方便

　　Ratesetter 的主要目标之一是使点对点贷款投资尽可能简化。确实，据一些评论家说，贷款方的体验几乎就像将现金存入储蓄账户一样简单，尽管它是投资产品而不是储蓄产品。它的回报也更高，这也是你预期要承担更大风险的回报。

　　Ratesetter 会将贷款方的钱自动分配给借款方，这与某些点对点贷款提供者不同,后者允许贷款方在选择向谁贷款时扮演更积极的角色。Ratesetter 旨在通过补偿基金自动支付逾期款项。

它的最低贷款额不过 10 英镑,期限为 1 年或 5 年。换句话说,一旦贷款被偿还,贷款方就会进行再投资。贷款方可预期滚动市场的平均回报率约为 3%,1 年的回报率为 3.7%,5 年的回报率为 5.9%。

借款方的最低借款额为 500 英镑,最高借款额为 35000 英镑,具体数额取决于个人情况。借款期限为 6 个月至 5 年,同样,借款方提前还清贷款不用支付违约金。

如果你想对资金去向有更大的发言权,Funding Circle 可能是一个不错的选择。在这里,有兴趣的贷款人可以选择放款的方向。Funding Circle 有自动出价功能。该应用程序自动将投资分配给 100 家企业。贷款方必须投入至少 2000 英镑,才能满足对单个公司最低 20 英镑的投资要求。该服务于 2010 年推出,它没有提供准备金,因此如果借款方无法还款,贷款方则存在更大的亏损风险。但是,好的一面是,潜在的回报率更高,Funding Circle 声称以这种方式贷出的款还没有赔过钱。如果贷款方保留自己的放贷选择权,建议是在尽可能多的借款方中分配尽可能小的金额,以分散风险。Funding Circle 在英国、美国、德国、西班牙和荷兰均有业务。借款方的最低借款金额为 5000 英镑,最高为 100 万英镑,借款期限为 6 个月至 5 年。A + 级贷款的贷款方的平均收益率为 6.5%。

推荐应用程序:Ratesetter、Funding Circle

应用优选:分散风险

Prosper 通常被视为美国发展最快的公司之一,迄今为止为个人提供了超过 100 亿美元的贷款，其着眼于点对点贷款业务中最常见的风险，即借款方无法偿还贷款。它提供的是无抵押贷款，没有房屋或汽车作担保，借款方更有可能违约（尽管随后会影响他们的信用评分）。Prosper 的解决方案是鼓励投资者提供足够多的贷款以实现投资多元化并且降低违约风险，使之几乎不影响收益。还应该说，Prosper 并不会简单冲动地发放贷款。申请人需要达到 FICO 信用评分①阈值 640 或以上，并在申请中明确说明借款目的。

借款方可以申请 2000～35000 美元的贷款，并获得从 AA（低风险）到 HR（High Risk，高风险）的评级。风险越高，它们支付的利率也越高。之前具有良好贷款历史的 Prosper 借款人可能会获得较低的年利率，因为从统计上来讲，他们不太可能违约。

贷款方在每笔贷款中投入一小笔 25 美元的份额，称为"票"。这样，一次性支付 5000 美元，他们就可以获得 200 张票。如果 200 名借款人之一违约，则贷款方将损失其投资的 1/200，即 0.5%。Prosper 的借款人贷款利率通常为 14%，违约者损失的利率约为 4% 或 5%。支付 1% 的费用后，贷款方者可获取 8% 的收益（14% 的利率 −6% 的违约率/手续费 ＝8%）。当然，最明显的风险是，如果经济衰退和失业率大幅上升，违约率可能会上升。

推荐应用程序：*Prosper*

小额商业贷款

新的金融科技贷款模式的一个显著优势是，它们为更广泛的

---

① FICO 是美国的个人信用评分系统，由 Fair Isaac Company 推出，也由该公司而得名。——译者注

人群提供了借贷的渠道。那些原本可能拼命寻找贷款方的潜在借款方，现在更有可能找到愿意提供资金的贷款方。这对于小型企业来说特别有用，因为它们可以更轻松、更快捷地获得资金和信贷额度，而不必用房屋作抵押，也无须从朋友和家人那里获得担保。这并不是说金融科技公司会随意地往外借钱。正是这些公司正在充分利用灵活而全面的评分算法，使用大数据和人工智能来更准确地了解借款方的信誉。传统银行之所以没有这样做，是因为它们的计分模式通常主要是"一刀切"的模式。它们当然不适合对诸如中小企业这样的特定对象进行有效分析。

178

应用优选：网上零售商

尽管总部位于美国的金融科技公司 Kabbage 使用许多传统的银行数据来评估中小企业贷款，但它也利用大量其他信息对借款方进行快速评估。这项服务非常适合小型在线零售商，它们可能需要在扩大业务规模时投资库存，需要增加营运资金以支付日常费用。Kabbage 使用各种可能的信息，包括银行账户记录、产品运输记录、服务销售数据、Etsy 或 eBay 等电子商务平台数据，以及社交媒体数据等。所有这些数据混合在一起，用于风险分析。最棒的部分是什么？过去，传统银行会花数周时间来权衡是否放贷，但 Kabbage 的目标是在短短 7 分钟内做出决定。

要申请 Kabbage 贷款，借钱的企业必须成立满一年，并且年营业额超过 50000 美元，或最近 3 个月每月收入超过 4200 美元。虽然贷款期限为 6～12 个月，但强烈建议借款方在更短的时间内偿还贷款。为了强调这种立场，提前还款没有违约金，而且该公司的在线工具会显示，如果借款方在比如 4 个月内而不是 6 个月全部还清贷款的话，将节省多少费用。

贷款的规模是由金融科技公司决定的，而不是由借款方申请的金额决定的。Kabbage 提供的贷款数额，根据借款方的业务评估和营业额来确定，范围为 500 ~ 250000 美元。借款方不需要一次性提取全部款项。他们可以提取一笔贷款金额，然后在以后的某个日期偿还这笔贷款，以获取更多贷款，前提是该笔金额在原始可贷款金额的范围内。这类贷款的缺点是：贷款的利率是市场上最高的。因此，建议企业避免将这种贷款用于大笔资本支出。企业可以通过长期、低成本贷款得到更好的融资用于发展项目。

推荐应用程序：*Kabbage*

应用优选：灵活性

Square 开始时只是一个可以插入智能手机的简单小工具，接受小商贩的刷卡支付。这是 Twitter 创始人杰克·多尔西（Jack Dorsey）和他的朋友吉姆·麦克凯维（Jim McKelvey）的创意，两人曾寻求解决中小企业很难从其客户那里接受刷卡支付的问题，这个问题让他们相对于大型零售商处于不利地位。当时，只有30% ~ 40%的小企业愿意建立一个处理卡支付的系统，从而可以接受银行的服务。Square 的介入，使这一比例提高到了99%。两人很快意识到，基于从每一个使用者那里收集到的丰富数据，他们设计的简单方形读卡器还有另一个重要的应用。Square Capital 的推出是为了向 Square 客户提供资金。经过一段时间的刷卡数据分析后，算法可以向客户发放一笔适量数额的贷款。资金可从下一个工作日开始使用，并通过刷卡收款偿还。Square 将其营运资金贷款的还款条件，建立在通过 Square 处理的企业每日信用卡销售的一定比例之上。贷款方并不需要进行严格的信用评分检查，因为信用卡销售总额可以告诉贷款方，客户在该企业消费了多少钱。贷款金额非常小，通常约为 6000 美元，传统银行通常都不会为这么小的金额费心。但是，这些资金无疑对小企业很有用。实际上，许多大型企业也已经开始使用这项服务了。

PayPal 的营运资金贷款服务的运作方式与此类似。企业只有在使用 PayPal 处理付款，而且销售额达到一定门槛之后，才有资格获得 PayPal 贷款。企业最多可以借用在 PayPal 上年度销售额的 25%，并且没有利率。PayPal 会根据企业使用 PayPal 的销售量、账户历史记录、贷款金额，以及销售额对还款额的百分比，来收取固定费用。

SmartBiz 提供年化利率为 9%～11%，金额为 30000～350000 美元的贷款。它并不需要申请人必须有很高的信用评分，但是信用等级仍然需要保持良好水平。申请贷款的企业要有良好的信用，至少有 3 年的交易记录，最低年收入要超过 10 万美元，视所需的贷款规模而定。要申请贷款，企业必须向 SmartBiz 提供其纳税申报表的副本，以便 SmartBiz 分析其财务状况。SmartBiz 所需的其他财务数据包括当期收入、银行结余，以及未偿还贷款的详细信息。人工智能驱动的评估系统帮助申请者了解银行如何看待他的业务。如果申请者未达到批准贷款水平或未获得所谓的"贷款准备分数"的话，SmartBiz 还会为他提供提高财务水平的建议。SmartBiz 收取的费用比传统银行略高，从批准的贷款中收取 4% 的"介绍和包装费"。

推荐应用程序：*Square*、*PayPal*、*SmartBiz*

应用优选：保理业务

每时每刻，全球估计有 40 万亿美元的未结发票，对于某些企业来说，等待付款可能是非常痛苦的。小型企业通常是最容易受到伤害的企业，而对于许多中小型企业而言，营运资金一直是麻烦所在。因此，毫不奇怪，许多人会转向发票保理公司，以改善现金流。保理（或发票财务）是企业将未付票据或发票出售给财务企业以换取现金垫款的过程。垫款最多可占发票面值的80%，企业通常会在 24 ~ 48 小时内收到现款。小型企业在需要时就会获得这笔资金，留给保理公司可能更多的钱，但是需要它们自行催收，这就将风险和痛苦也留给了它们。

堪萨斯城的 C2FO 就基于类似的理念。这个理念很简单。实际上，它是基于一个已经存在了一段时间的想法：向按时付款的合作伙伴提供折扣。但是，C2FO 的与众不同之处在于，它是一个在线市场，让拥有现金且愿意并能够提前支付发票金额的企业可以与需要现金的供应商合作。使用这个数字工具，客户将某企业验证过的发票添加到 C2FO，该企业可以要求以折扣价提前付款。接受报价后，客户通常会在 24 小时内直接付款。有关商家无须提前支付所有的发票金额。C2FO 可以拣选，也可以控制所提供的折扣率。它的吸引力在于设置和管理非常容易，而且供应商无须支付任何费用，只是得到了诱人的折扣，以加快付款过程。

保理领域的另外 3 个竞争对手是美国的 Fundbox 公司、欧洲的服务商 Marketinvoice 和 Frenns。Fundbox 和 Marketinvoice 在等待发票结算时向企业提供短期贷款。Fundbox 可以内嵌到企业的财会软件中，分析各种数据点来判断风险状况。由于发票的结算有两个方面，Fundbox 还考虑了收票公司以及这方面的风险。Fundbox 声称创建账户仅需 15 秒，而包销发票只需 50 秒。客户在下一个工作日即可收到款项，并因在发票到期前偿还贷款而获得奖励。

Frenns 提供一个完全自动化的流程，使用人工智能来为欧洲中小型企业提供发票保理。该流程与企业常用的在线会计系统同步，之后 Frenns 对其进行处理并将其拍卖。投资者可以自由地出价，而进行拍卖的公司可以自由地选择提供最具竞争力的利率和时限的出价。拍卖结束后，Frenns 通常在 1 小时内就会提前支付高达 99% 的发票垫款，而剩余的资金将被预扣，以支付佣金和银行转账费用。

推荐应用程序：*Fundbox*、*Marketinvoice*、*Frenns*

应用优选：信用记录很少或没有信用记录的企业或个人

根据世界银行的数据，撒哈拉以南非洲地区近 60% 的成年人和发展中国家中将近 45% 的成年人，要么没有银行账户，要么很少使用银行服务。这使他们很难获得贷款，因为贷款方几乎没有关于潜在借款方的数据。结果就是，多达 25 亿人无法获得资金，而这些资金很可能会帮助他们甚至整个社区摆脱贫困。多年以来，这一直是一个恶性循环，因为如果他们没有能力获得贷款，就更无法获得发展。如今，智能手机拥有量的激增改变了这种状况。这是完美的、易于使用的工具，人们可以通过它轻松获得资金，它还为人们搜索新服务的可用性提供了一种有效的方法。技术简化了流程，从而降低了成本，这对每个人都是双赢。

Tala 使用手机数据来更好地了解潜在的借款方，并且可以为每个用户收集 10000 多个特有数据点，仔细检查从社交媒体账户到其网络搜索历史的所有内容。这样做的目的是了解某人在数据背后的"财务身份"，而不只是干巴巴的数字。例如，社交媒体

183 大量展示了一个人的基本身份以及与之相关的朋友。如果那些朋友已经偿还了贷款，那是一个积极的信号。类似地，如果某人花费大量时间与朋友进行社交和饮酒，而不是工作，社交媒体将进行标注，这对于还贷的可能性可不是一个积极的迹象。Tala 目前的大多数用户在肯尼亚，现在 Tala 的业务已经扩展到了菲律宾、尼日利亚、坦桑尼亚，Tala 正关注印度和墨西哥市场。

Kreditech 也值得注意，它在新兴市场提供了营运资金的渠道，这样借款人可以购进库存，进行短期投资，弥补现金流缺口。

在欧洲，Iwoca（即时营运资金）使用技术来通过数千个数据点，而不是简单地通过信用评分来评估小型企业的交易数据。弹性信贷的起始额为 1000 英镑，上限和利率取决于公司的业绩。资金可在申请后的 4 个小时内使用。

推荐应用程序：*Tala*、*Kreditech*、*Iwoca*

其他贷款

应用优选：网购

自从少数美国百货公司和石油公司为了方便客户（并保持他们的忠诚度），决定发行只有在发行商那里才能使用的特别卡之后，储值卡的点子就已经存在了一个多世纪。这个想法真正兴起是在 1946 年 Charg-It 卡出现时。Charg-It 卡背后的银行向商家支付销售款，然后从客户那里收回款项。Affirm 是这种想法的现代金融科技版。该应用程序是由马克斯·列文（Max Levchin）开发的，他也是 PayPal 的联合创始人。PayPal 是最早推出数字支付的公司之一，而这个新产品则通过即时贷款为网购客户提供资金。客户只需在购物结账时选择 Affirm 支付，
184

Affirm 就会跟商家全额结算，然后从客户那里分期收取需要偿还的贷款。在创立时，该应用程序就与美国 150 多家在线商家合作，包括提供旅行、家具、电话、健身等服务的商家，利率通常在 10%～30%。借款方最多可以获得 1 年的还款期。

Affirm 的服务已扩展到包括一个被喻为"虚拟信用卡"的手机应用程序。这个应用程序几乎可以用作任何网购的信贷额度。虚拟卡授予用户一个一次性卡号，以及到期日和三位数授权码，用于在线购买商品。随后的还款计划通过该应用程序进行管理。

该服务没有滞纳金或提前还款手续费，因为这些成本可以通过利率收回。因此，你偿还贷款的时间越长，付的钱也就越多。与许多贷款人或信用卡不同，Affirm 对你的信用卡执行"轻拉"，这意味着征信查询不会在你的报告中列出。而你的良好信用记录被写入信用咨询机构 Experian 的报告，因此你还可以使用 Affirm 来提高你的信用评级。

它的信用额度仅适用于所购买的商品。Affirm 表示，如果发现超范围借款，它将拒绝放贷。

推荐应用程序：*Affirm*

应用优选：助学贷款

在英国，学生为了支付每年 9250 英镑的大学学费，大多求助于政府的助学贷款公司。这是因为银行通常不愿意为那些很少或根本没有信用记录，也没有家庭经济支持的人，提供为期 3～4 年的资金支持。与衡量通货膨胀的商品零售价格指数（Retail Price Index，RPI）挂钩的利率可能非常之高，并且从贷款发放之日就开始产生。

由于学生无法获得低成本贷款以完成学业，因此该贷款领域受到金融科技公司的关注，也就不足为奇了。Future Finance 是一家初创公司，专门为英国接受高等教育的学生提供 2000 ~ 40000 英镑的贷款。它的年利率为 11.9% ~25%，根据学生未来的潜在收入来计算。因此，这类公司会考虑申请人的个人情况，比如就读大学、学位课程选择，以及学分记录。贷款是为借款的学生量身定做的，因此借款方可以在学习期间降低每月还款额，并且在毕业后的 3 个月内保持较低的还款额，以逐渐适应职业生涯。

另一个贷款方是 Prodigy Finance，它通过预测记分卡对学生进行评估，使用有关学生学术背景的数据来预测其未来的收入。该平台专门为国际研究生提供贷款，特别是那些确定进入全球排名前 100 的大学攻读硕士学位的学生。

虽然不是严格意义上的助学贷款，但 Grant Fairy 在助学领域颇值得一提。这个移动应用程序为学生匹配了数千份英国大学、基金会和组织提供的奖学金、助学金和补助金，以帮助他们支付大学学费。访问资助选择综合数据库需要支付 4.99 英镑的月费或 23.99 英镑的年费。它提供个性化的奖学金搜索，以及来自诸如英格兰银行和素食协会等组织的每日奖学金更新。它甚至还可以设置申请截止日期提醒。

在美国，助学贷款债务总额为 1.5 万亿美元，涉及 4400 万美国人，SoFi 提供了一种更"整体"的方式来偿还这笔巨额款项。它鼓励学生为自己的债务再融资，并表示这样做他们可以节省超过 20000 美元。SoFi 被归类为非传统的贷款方，也就是说，它的运作方式不像银行，它提供了一系列固定利率和可变利率支付计划。它要求申请人填写表格，提供他们的学历和基本工作经历的详细信息。与大多数贷款公司不同，SoFi 不会查询信用评分，因此不会对信用评级产生任何影响。要符合资格，借款方必须年满 18 岁，已从符合条件的大学毕业并且找到工作，或在 90 天内可以工作。他们还需要有合理的财务记录。

SoFi 助学贷款的好处不仅限于简单的金融服务，还提供职业支持、创业计划，以及全美各地的定期会员活动。此外，它还有失业保护措施，如果借款方失业，可以暂停付款。SoFi 甚至表示，它将帮助借款方找新工作，并以此帮助了数十人。SoFi 还提供个人贷款、抵押贷款和财富管理服务。

其他值得了解的美国助学贷款公司还包括 CommonBond、Earnest 和 Lendkey。它们每一家都有一个略有不同的方法。CommonBond 提供三种不同类型的贷款：一种适用于合并贷款的再融资产品，一种适用于学生家长的产品，以及一种适用于 MBA 学生的产品。Earnest 提供了一种称为"精确定价"的贷款个性化工具，目的是帮助学生确定债务的优先级并迅速偿还。它专注于可定制的还款方式，可以很容易地增加最低还款额或进行多次额外付款。Lendkey 将学生借款人与社区银行和信用合作社的合伙贷款人提供的贷款联系了起来。

在美国有如此多的选择，因此绝对需要一种服务来轻松地比较各种贷款机会。Credible 声称，通过使用它的比较服务访问多个贷款方，学生平均可以节省超过 13000 美元。Supermoney 也提供类似的服务。

推荐应用程序：*Future Finance*、*Prodigy Finance*、*Grant Fairy*、*SoFi*、*CommonBond*、*Earnest*、*Lendkey*、*Credible*，*Supermoney*

后　记

　　编写本书的最大挑战之一是技术一直在变化。新产品、新服务、新创意每天都在出现。每次我参加金融科技会议或评判编程马拉松①项目时，我都会看到、听到层出不穷的新事物，惊叹于让这一切发生的能量。寻找更好的（和全新的）做事方式的广泛意愿似乎激励着每个参与其中的人。这就是为什么这个领域当下如此令人兴奋。当然，并非每个想法都能成功，那正是颠覆的本质。但这不应该，也肯定不会让创新者放弃尝试。不过，由于新的应用不断出现，而有些应用没有达到标准，确保这样一本指南包含最新的信息的确是个难题。

　　我已经尽力考虑到这个充满活力的行业的多变性质了，但如果你在阅读本书的时候，发现某些产品已经被更好的东西所取代，那么敬请海涵。这是你在拥有数百年历史的纸媒上阅读有关新技术的内容要付出的代价。也就是说，我为每个领域勾勒的基本原理，在未来一段时间内都将适用。我的建议是，把我提出的

189

---

① 英文为 hackathon，又译"黑客松"，是"hack"和"marathon"的合成词，指一种程序员与软件开发相关人员紧密合作，从事某项软件开发的活动。——译者注

关于各种金融科技发展的背景材料作为一个有用的起点，也不要害怕自己去探索这个惊人的金融科技领域。

区块链和（个人）金融的未来

我在这里没有花太多时间讲述的一项技术是区块链。它是目前最具革命性的技术变革之一，很可能会在整个金融科技领域产生巨大的变化。实际上，如果几年后写这本书，我会想象到区块链将在每一章中扮演更加重要的角色。

区块链支撑着一种叫作加密货币的东西。你可能已经听说过比特币（除非你自 2010 年以来一直住在山洞里）。你甚至可能已经注意到，"加密货币"这个术语出现的频率越来越高。然而，尽管大多数人模糊地知道它跟钱有关，而且似乎许多人为之疯狂，但是在大多数情况下，这可能是最离题万里的看法了。

对于消费者而言，它现在还处于初期阶段。除非你有特殊的要求或利益让你对加密货币有直接的兴趣，否则区块链技术将首先影响的领域，可能是金融基础设施或公司金融。我认为，每一个人都应对加密货币感兴趣。未来，它很可能对金融发挥重要的作用。

读者可能不想深入技术层面去了解它的运作原理，我对此表示完全理解。但是，了解一点背景还是有帮助的。加密货币是一种数字资产，类似于你可以储蓄或花费的现金。现金存储在实际的钱包中，而你对加密货币的所有权实际上体现在你拥有的与之相关的一串密钥上。对于人类来说，管理这些非常长的加密密钥有些困难，因此，我们将这些加密货币存储在一个可以为我们服务的数字钱包中。

区块链是指支撑所有加密货币交易的技术。区块链是任何人

190

都可以随时查看的公共数据库。可以将区块链视为一种数字账本，里面充满了区块或数字页面，记录了所有的加密货币购买和交易。你可以在 https：//blockchain. info 在线检视、探索比特币的区块链（原始区块链），以更好地了解其工作原理。

一个区块只是大量交易的汇总，被以每个人都可以同意的方式打包，可以用来构建区块的交易都会被持续反复广播到网络中，直到它们最终成为区块为止，任何人都可以参加竞赛以将一组交易收集到一个区块中，并将其添加到区块链的末端。这就是所谓的"挖矿"，通过赢得竞争"挖"出一个区块，你将从网络获得一份经济奖励（你可能听说过"比特币挖矿"这个术语）。每当有人使用加密货币进行消费或转账时，他们的交易就会作为"矿工"的原材料广播到网络上，以供"矿工"在区块链中构建新区块。尽管许多区块链都是完全公开的（例如比特币），但是每个交易的细节都是经过加密的，因此没有相应的密钥，你是不能浏览任何人的消费细节的。

为便于理解，你可以从传统银行业的角度来考虑：请将区块链想象成一份扩展了的银行交易记录。每笔比特币交易都是按时间顺序输入的，就像收入和支出记录出现在纸张或在线对账单上一样。每个区块就像一个单独的银行对账单，代表了很短时间（比特币大约 10 分钟）内的所有交易。只不过这是对全世界每个人的对账单，而不仅仅是一个账户！加密货币存在于世界各地许多用户的计算机上，而不是存储在一个中心位置。

你会注意到"矿工"对该系统有多么重要。作为对交易进行验证并将其构建到区块链中的交换，这些"矿工"会获得加密货币的奖励。实际上，这就是所有比特币的产生方式——全都是被"挖"出来的。这场全球竞赛的结果是将下一个区块放置在区块链的末端，而不会因无效或假冒链而放慢速度，它确保了我们每个人都能认同这一事实。它还为系统提供了一定程度的安全性和信任度，因为任何想要欺骗系统的人，都必须像其他行为良好的参与者一样努力工作才行。对于比特币而言，在撰写本书时，众所周知，它需要的电力消耗与整个国家相当。（在我撰写本书时，比特币网络的电力消耗量先后超过了厄瓜多尔和澳大利亚，并且还在不断增长。）

比特币是最知名的加密货币，部分原因是它是第一个出现的，因此从那时起就吸引了投资者和媒体的广泛关注。但现在已经出现了成百上千种类似的加密货币，包括 Dash、Ether 和 Litecoin 等。

好吧，你可能在想："这涉及技术，有很多新名词需要理解，但这和我有什么关系？它会如何使我变得更富有，或者更贫困？"我怀疑，即使你对加密货币有过好奇心，你也很可能因为可怕的媒体警告而放弃与之相关的想法。他们将加密货币与 20 世纪 90 年代末互联网泡沫的兴起和萧条相类比，称之为"比特币泡沫"。许多新闻机构甚至将这种狂热上溯至几个世纪之前，警告说比特币使我们所有人都遭受了荷兰郁金香球茎狂热所带来的风险。那是一场狂热的鲜花热潮，在 1637 年达到顶峰。当时一些郁金香球茎的售价超过了一位熟练工匠年收入的 10 倍以上，而后球茎市场崩溃，卷走了各种投机者的财富。媒体不是唯一的厄运论者。有许多知名人士预测比特币和其他加密货币将以同样的方式发展。关于不实定价的可怕警告指出，一旦足够多的"求富"人群随大流，并且达到了临界点，它们就会崩溃。毫无疑问，对于投机者而言，加密货币市场已被证明极为不稳定。

尽管比特币百万富翁倚着他们的兰博基尼摆姿势的照片总是

广为传播，但许多充满厄运的报道弄错了重点。加密货币实际上可能具有真正重要的实际功能。像比特币这样的加密货币，既是支付系统，又是金钱本身。创新的支付系统才是其价值的真正来源。区块链提供了从迄今为止一直主导着支付流程的主要组织分散权力的能力，将权力交到数百甚至几百万的服务器中。从理论上讲，你可以向世界上的任何人付款，而无须任何银行或支付提供商参与交易。在从现金转为无现金支付时，你和店主之间的链条中放置了许多第三方，加密货币可能只是将它们再次清出链条。让购买手机或支付电费之类的平常购买更便宜、更高效、更容易的区块链应用永远不会成为头条新闻。

如果你确实开始以新的方式考虑加密货币，即把它作为一种更好、更高效、更安全、更私密的支付方式，而不是像购买股票或黄金之类的投机性投资，它确实具有吸引力。

减少中间商（及其费用）

就像金融科技领域的许多事物一样，现在使用数字货币还为时过早。但是，数字货币已经具有许多显著的优势。首先，它们在许多方面都更加安全可靠，对于金钱而言，这始终是一件好事。（关于加密货币交易所的黑客入侵的新故事通常比基础货币更能反映这些交易所的做法。）任何不易受到欺诈影响且无法被伪造的系统，都既有利于买卖双方，也有利于银行。身份被盗用的机会也更少。如果你使用信用卡付款，即便仅花费几英镑，你也给了商家使用你信用额度的完全权限。这是因为信用卡以"提取"的方式工作：零售商发起付款，然后从客户的账户中提取款项。而加密货币以相反的方式工作，它将钱"推送"给卖方，因此它不需要进一步的信息，也不会危及关键的个人详细信息。

也许最重要的是，这么多金融科技公司对加密货币如此感兴趣的原因是它们剔除了出现在如此众多交易中的中间商。众所周知，中间商总是要赚差价的。甩掉通常收取高额交易费用的第三方，转而使用个人之间的直接付款，交易成本会显著下降。它可以使整个付款过程更加透明。

在这里，我要扮演魔鬼的拥护者，因为在加密货币和区块链的花园中，并不都是葡萄酒和玫瑰，缺点还是有一些的。最大的问题是，很少有人对新的进展很了解。我们距离人们接受这项技术的时代还很遥远。尽管这项技术可用，但在不久的将来，不可能用加密货币代替信用卡和传统货币。例如，在撰写本书时，大多数企业不接受它们。

194

加密货币也有一些声誉问题。交易过程的匿名性吸引了犯罪组织的成员，他们自然很热衷于让他们的交易隐秘、疏于审查。反过来，这引起了政府和监管机构的注意，它们可能认为这是一个巨大的洗钱计划，并且会确定一些更严格的法规，这可能会对这些资产的价值产生影响。

还有一个问题就是，这一切可以扩大到多大的规模。比特币目前设计的方式，限制了可处理交易的速度和数量。对于许多加密货币而言，已建立的类似信用卡系统的支付网络的性能，代表了其目标性能的金标准，尽管有许多令人鼓舞的进展，但它们与目标还相去甚远。

区块链技术还被用于与最初的比特币概念完全不同的应用中，以解决诸如数字身份、公证、土地注册等问题，尽管人们对这些努力的效果尚未达成共识。

正如我所说，区块链现在还处于初期阶段，但可以肯定的

195 是，它将在包括支付技术在内的多个领域的下一次飞跃中，以某种方式扮演重要的角色，这就是我要在这里指出这一点的原因。

充分利用你的金钱的最好时机

除加密货币外，我认为未来我们与银行和金融业的传统关系将越来越不密切。贯穿本书的线索是关于改变我们与金融家之间的关系。长期以来，金融家们告诉我们我们需要什么（主要是因为那是他们想要给我们的），我们在此事上几乎别无选择。今天，我们不再捆绑在一个大型机构上。那种把你所有的财务事务都交给一家服务商的想法，已经像将支票存入银行并等待至少三天才能兑现一样过时了。许多人已经为管理财富使用了一系列不同的服务，而且这种情况还将继续下去。输入、重新输入你的详细信息，然后反复耐心等待身份验证的日子结束了。新出现的一批金融科技应用程序的真正的优点之一就是，你几乎无须考虑它们是如何工作的，只需享受它们提供的服务。你可以从更有组织、更公平、更透明的财务系统中受益。

无论发生什么情况，技术都将继续影响我们使用金钱和管理我们的财富的方式。我们确实处于金钱革命之中。金融科技的颠覆者正在处理与我们的金钱和财务义务有关的一切，涉及 196 储蓄、医疗、教育、商业等各个领域，无一遗漏。每天都会出现新的解决方案，提供 7×24 小时的建议，帮助每个人更有效地储蓄和消费金钱。此外，当然，由于与我们的银行账户集成的在线支付应用程序的爆炸式增长，付款变得非常容易。

移动性在这些发展中发挥了巨大作用。无处不在的智能手机为我们随时随地与银行和金融服务应用程序的无缝交互铺平了道路，让我们能够在不管白天还是黑夜的任何时间，对我们的现金状况了如指掌。也不能忘记世界上还有大约 20 亿人完全没有银行账户，他们拥有巨大的潜力。由于有了手机，没有银行账户的人将有史以来第一次能够享受金融服务。对于明智地对你的金钱做出决策来说，真的从来没有比现在更好的时代。

因为我曾在传统银行工作，所以我比大多数人更清楚我们在一段非常短的时间内取得了多么大的成就。从前，所谓的机构被认为是唯一值得信赖的，可以保护人们最珍视的东西；而今，消费者有更多的选择和机会。金融科技公司已经开创了许多先河，改变了金融业的局面。现在，我们有用于客户服务的聊天机器人，遵循我们的互动，使用机器学习来不断更新它们的知识库。我们还有人工智能技术以防止欺诈，有生物识别技术来增强账户安全性，有区块链技术确保完成更快、费用更低的交易。当今使用的许多服务都无须人工干预，从而节省了客户的时间和金钱，同时还确保了最佳的费率。有趣的是，许多成熟的银行和金融服务机构现在都在尝试使用更多领先一步的金融科技公司取得的成果。在急于跟上并实现现代化的背后，这些老牌企业停滞不前，因为它们是以过时的技术和实践为基础的。这就是它们仍然收取高额费用（详细条款很可能会巧妙地隐藏在小字中）并且发展缓慢的原因。

金融科技公司与传统金融机构之间最大的区别之一是，金融科技公司着迷于客户至上。它们专注于建立更公平、具有更优功能的金融模型。当初创企业从零开始，并希望颠覆一个成熟的行业时，它们的优点是管理成本很低。这意味着它们可以为客户带来更好的交易，可以利用最新的技术框架来开发创新产品。机器学习可以用来开发与你积极协作的产品，以确保你不会陷入财务困境。同时，不断发展的人工智能技术会为你的未来福祉服务，这样你就有足够的钱来应付意外的账单、养老金或达成重大财务目标。

如果这一切听起来有点势不可当，请记住不要强迫自己立即使用本书详细介绍的应用程序。我对现有应用程序的描述比较宽泛，希望可以帮助你做出明智的选择。

据我估计，仅使用本书详述的某些产品和服务，你每年就可以节省数百英镑。财务可视性的提高还有更大的潜力，可以改善你的财务状况。你也可以节省时间，因为你不必不断地寻找最佳交易，这一切都将由你的袖珍数字银行经理为你完成。对于每个人来说，这都是一个与金钱建立更开放、更健康关系的绝好机会。

我们正站在储蓄、支出和管理金钱方式的革命的起点，让我们充分利用它。

致 谢

如果没有史达琳银行专业团队的帮助、支持，我根本不可能出版本书。我要感谢他们每一个人。我还要感谢记者蒂娜·里昂（Teena Lyons），她协助我将文字付诸纸面。还有我们的技术顾问格雷格·霍金斯（Greg Hawkins），他在本书付梓之前就阅读了全文，提供了许多非常有价值的意见。

我也非常感谢克里斯·库德莫（Chris Cudmore）和 Kogan Page 出版社的团队，正是他们使本书按部就班地出版。我还要感谢鸭嘴兽版权代理公司（Platypus PR）的杰夫·斯科特（Jeff Scott），感谢他提出宝贵建议。另外，还要感谢史达琳银行的公司事务主管亚历山大·弗里姆（Alexandra Frean），他确保了这本书的出版。

索 引

图书在版编目（CIP）数据

金钱革命：数字时代如何管理财富／（英）安妮·
博登（Anne Boden）著；崔岩译. －－北京：社会科学
文献出版社，2022.1
（思想会）
书名原文：The Money Revolution：Easy Ways to
Manage Your Finances in a Digital World
ISBN 978 - 7 - 5201 - 8328 - 4

Ⅰ.①金… Ⅱ.①安… ②崔… Ⅲ.①财务管理 - 研
究 Ⅳ.①F275

中国版本图书馆 CIP 数据核字（2021）第 082049 号

·思想会·

金钱革命：数字时代如何管理财富

著　　者／〔英〕安妮·博登（Anne Boden）
译　　者／崔　岩

出 版 人／王利民
责任编辑／吕　剑
责任印制／王京美

出　　版／社会科学文献出版社·当代世界出版分社（010）59367004
　　　　　　地址：北京市北三环中路甲 29 号院华龙大厦　邮编：100029
　　　　　　网址：www. ssap. com. cn
发　　行／市场营销中心（010）59367081　59367083
印　　装／北京盛通印刷股份有限公司

规　　格／开本：880mm × 1230mm　1/32
　　　　　　印张：6.125　字数：148 千字
版　　次／2022 年 1 月第 1 版　2022 年 1 月第 1 次印刷
书　　号／ISBN 978 - 7 - 5201 - 8328 - 4
著作权合同
登 记 号／图字 01 - 2020 - 4594 号
定　　价／68.80 元